Comprendre les pratiques
et pédagogies différentes

Chez le même éditeur

L'autoévaluation des établissements scolaires – Un exemple de mise en œuvre, Ahmed El Bahri, 2021.
Le bonheur, une révolution pour l'école ?, Jean-Louis Durpaire et Jean-Pierre Véran, 2021.
Espaces de parole à l'école – Quels enjeux, quelles pratiques ?, Christophe Marsollier (dir.), 2021.
Grande pauvreté, inégalités sociales et école – Sortir de la fatalité, Choukri Ben Ayed et Philippe Joutard (dir.), 2021.
Code de l'éducation commenté 2021, Henri Peretti, 6e édition, 2020.
L'éthique à l'école – Quels enjeux ? Quels défis ?, Christophe Marsollier (dir.), 2020.
Organisation et gestion de l'éducation nationale, Christine Szymankiewicz et Jean-Richard Cytermann, 12e édition, 2020.
L'orientation scolaire – Paradoxes, mythes et défis, Frédérique Weixler, 2020.
La réussite éducative au défi des territoires – Vers la vie bonne, Charles Moracchini, 2020.
Crise des programmes scolaires – Vers une école de la conscience !, Roger-François Gauthier, 2019.
Une fraternité à construire – Essai sur le vivre-ensemble dans la société française contemporaine, Aziz Jellab, 2019.
Propos iconoclastes sur le système éducatif français, Alain Bouvier, 2019.
Le décrochage scolaire – Entre parcours singuliers et mobilisation collective, un défi pour l'École, Jean-Paul Delahaye et Frédérique Weixler, 2017.

Yves **Reuter**

Comprendre les pratiques et pédagogies différentes

Berger-Levrault

892 rue Yves Kermen, 92100 Boulogne-Billancourt
ISBN : 978-2-7013-2145-5

« En effet, pour que soient favorisés les plus favorisés et défavorisés les plus défavorisés, il faut et il suffit que l'école ignore dans le contenu de l'enseignement transmis, dans les méthodes et les techniques de transmission et dans les critères de jugement, les inégalités culturelles entre les enfants des différentes classes sociales : autrement dit, en traitant tous les enseignés, si inégaux soient-ils en fait, comme égaux en droits et en devoirs, le système scolaire est conduit à donner en fait sa sanction aux inégalités initiales devant la culture.

L'égalité formelle qui règle la pratique pédagogique sert en fait de masque et de justification à l'indifférence à l'égard des inégalités réelles devant l'enseignement et devant la culture enseignée ou plus exactement exigée. »[1]

« Annoncée par le grand psychologue Claparède il y a quarante ans, la "Révolution copernicienne de l'éducation", qui devait placer l'enfant au centre du système scolaire, reste à faire. Comme au temps de Tolstoï, l'école reste organisée de telle manière qu'il soit facile au maître d'enseigner mais non à l'élève d'apprendre. Le malheur c'est qu'aujourd'hui, si l'on ne commence pas par réaliser les conditions psychopédagogiques permettant à l'enfant d'apprendre conformément à ses possibilités et à ses besoins réels, il devient de plus en plus difficile au maître d'enseigner. »[2]

« [...] ce que l'élève apprend n'a pas grand-chose à voir avec ce que le maître enseigne. »[3]

« L'éducabilité n'est déductible d'aucune connaissance préalable sur les personnes puisqu'elle est précisément à la source de toute connaissance sur ces personnes. Elle est un domaine où le droit conditionne irrémédiablement le fait, même si cela défie, à bien des égards, le bon sens. »[4]

1. Bourdieu P., « L'école conservatrice. Les inégalités devant l'école et devant la culture », *Revue française de sociologie* 1966, n° 7-3, « Les changements en France », p. 336.

2. Gloton R. (dir.), « Préface », in *À la recherche de l'école de demain. Le groupe expérimental de pédagogie active du XXe arrondissement de Paris*, 1970, Paris, Armand Colin, p. 6.

3. Chervel A., « L'histoire des disciplines scolaires. Réflexions sur un domaine de recherche », *Histoire de l'éducation* 1988, n° 38, « Pour une histoire des disciplines scolaires », p. 100.

4. Meirieu P., *Le choix d'éduquer : éthique et pédagogie*, 1991, Paris, ESF, p. 36.

Sommaire

Chapitre introductif

1 Les raisons d'un tel ouvrage. Pourquoi publier un ouvrage sur des questions de pédagogie, de surcroît de la part de quelqu'un qui est et qui reste un didacticien ? Cette décision repose sur trois raisons principales. Tout d'abord rendre plus accessible un bilan des recherches que j'ai menées depuis une quinzaine d'années sur des pédagogies « différentes », recherches qui ont donné lieu, outre des articles et un ouvrage, à des rapports à diffusion parfois restreinte. Ensuite, analyser les limites de certains discours institutionnels et théoriques qui dévalorisent les pédagogies alternatives et qui sont repris sans précaution malgré des assises scientifiques pour le moins fragiles. Enfin et surtout, montrer au travers de ce bilan qu'il est possible et intéressant de travailler autrement que selon les modalités classiques d'une pédagogie « traditionnelle » encore très fréquente. J'essaierai ainsi de préciser en quoi les effets de certains changements de pratiques peuvent être conséquents non seulement sur le climat scolaire et le bien-être des élèves et des enseignants, mais aussi sur la lutte contre l'échec scolaire.

SECTION **1**

Pratiques et pédagogies « différentes » : éléments de définition

2 Définitions et distinctions. Il me semble intéressant, avant d'aller plus loin, de préciser certaines définitions et distinctions que j'emploie en sachant qu'elles méritent discussion[1].

1. Reuter Y., « Transformer l'école à partir des pédagogies et des pratiques alternatives ? », Journée scientifique Innovations : l'approche des pédagogies et structures alternatives, 2018, organisée par le CIRNEF, les CEMEA, la FESPI et l'ESPE de Caen, vendredi 18 mai, ESPE de Caen (*www.cemea.asso.fr/IMG/pdf/colloque-caen.pdf*).

3 **Pédagogie classique.** Par pédagogie classique ou traditionnelle, j'entends essentiellement – mais j'y reviendrai constamment au cours de cet ouvrage – un type de pédagogie encore dominant en France où l'enseignement magistral (ou sa variante dialoguée) est identique pour tous les élèves et alterne exposition du maître, mise en place d'exercices formels et d'évaluations à orientation négative avec une progression cumulative (censée aller du simple au complexe). Dans ce cadre, la compétition prime sur la coopération, on ne s'intéresse que peu aux connaissances et pratiques des élèves, et ceux-ci ne disposent pas vraiment d'espaces de réflexion sur le fonctionnement de la vie scolaire et de dispositifs où ils pourraient avoir prise sur cette vie.

4 **Pédagogies différentes.** J'avais utilisé l'expression « pédagogies alternatives » pour indiquer qu'il s'agit de formes pédagogiques différentes de la pédagogie classique et mises en œuvre plus rarement. J'avais préféré cette expression à celle de « pédagogies nouvelles », puisqu'elles ont pour la plupart plus d'un siècle d'existence, ou de « pédagogies actives », puisque toute pédagogie est active[1]. Mais, dans la mesure où cette expression est discutée, j'alternerai avec celle de « pédagogies différentes », peut-être plus consensuelle à l'heure actuelle.

1. Je reviendrai ultérieurement sur cette question.

5 **Distinguer pratiques et pédagogies.** Je distingue encore des *pédagogies* différentes et des *pratiques pédagogiques* différentes dans la mesure où des changements de pratiques n'impliquent pas forcément un changement intégral de système ou de « mode de travail pédagogique », pour reprendre l'expression de Marcel Lesné[1].

1. Marcel Lesne (*Travail pédagogique et formation d'adultes*, 1994 [1977], Paris, L'Harmattan) distingue ainsi des grandes formes d'organisation des relations entre enseignement et apprentissages incluant des rapports au pouvoir et au savoir.

SECTION **2**

Un ouvrage de chercheur « impliqué »

6 **Une position de chercheur.** Ma position dans cet ouvrage est celle d'un chercheur et non d'un militant pédagogique. Cela signifie que je ne soutiens pas telle pédagogie plutôt que telle autre. J'ai effectué des recherches sur certaines d'entre elles, et ce qui m'intéresse à l'heure actuelle, c'est de comprendre ce qu'il peut y avoir de commun dans des expériences pédagogiques qui « marchent ». Cela signifie, notamment pour moi, que le climat est bon (pour les enseignants, les élèves, les familles et les autres intervenants), que les élèves sont présents dans tous les sens du terme

(ils sont là physiquement et psychologiquement) et ont envie d'être là, qu'ils travaillent, qu'il y a des progrès pour la majeure partie d'entre eux, que les écarts ne se creusent pas, que le rapport à l'école et aux savoirs est positif, que l'inclusion l'emporte sur les phénomènes d'exclusion...

7 **Une posture impliquée.** Il n'en demeure pas moins vrai que j'estime, en tant que chercheur en éducation centré sur les pratiques d'enseignement et d'apprentissages, qu'il est difficile de ne pas avoir une forme d'engagement, une posture « impliquée »[1] ou, ainsi que je l'avais précédemment écrit, un « horizon praxéologique »[2]. C'est-à-dire une démarche de recherche qui part du « terrain » pour y revenir, qui cherche à analyser et à reconstruire de manière opératoire les problèmes rencontrés et qui essaie d'éclairer des pistes d'intervention possibles, ainsi que leurs intérêts et leurs limites. Cela explique les ouvertures de travail possibles qui pourraient aider les enseignants, du moins je l'espère, à mieux comprendre ce sur quoi sont fondées d'autres démarches, à s'orienter et à puiser des idées qu'ils pourraient expérimenter.

1. Martinand J.-L. « Quelques remarques sur les didactiques des disciplines », *Les Sciences de l'éducation. Pour l'Ère nouvelle* 1987, n° 1-2, « Didactiques et sciences de l'éducation », p. 23-29 ; Halté J.-F., *La didactique du français*, 1992, Paris, PUF.

2. Reuter Y., « Didactique du français : éléments de réflexion et de proposition », *in* Chiss J.-L., David J. et Reuter Y. (dir.), *Didactique du français. Fondements d'une discipline*, 2005, Bruxelles, De Boeck, p. 211-231.

SECTION **3**

Les sources de cet ouvrage

8 **Cinq ensembles de sources.** Les sources de cet ouvrage sont multiples mais il est possible de les organiser en quelques ensembles.

9 **Les travaux sur des pédagogies différentes.** Le premier ensemble regroupe les travaux sur des pédagogies différentes. Je me suis ainsi appuyé sur la recherche menée, de juin 2001 à septembre 2006, sur un groupe scolaire, situé dans un réseau d'éducation prioritaire de la banlieue lilloise à Mons-en-Barœul, pratiquant la pédagogie Freinet[1]. Cette recherche a tenté de répondre à quatre questions principales négociées, de manière tantôt explicite, tantôt implicite, entre chercheurs, inspecteur, équipe pédagogique et experts du ministère[2] : la description des modalités pédagogiques mises en place, les effets engendrés, les relations entre pratiques pédagogiques et effets, la transférabilité des dispositifs mis en œuvre. Je me réfère aussi, de manière conséquente, à une recherche sur le système pédagogique de l'école Vitruve (essentiellement, selon moi, pédagogie de projet) qui est l'une des plus anciennes écoles alternatives

existant à Paris[3]. Je me fonde encore sur d'autres recherches consacrées à la pédagogie de projet que j'ai pu suivre comme chercheur ou comme directeur de thèse. Je pense ici aux travaux de Francis Ruellan que j'ai accompagné pour sa thèse sur l'écriture en pédagogie de projet[4], au travail mené avec le collectif de la revue *Pratiques*[5], ainsi qu'aux expériences que j'ai pu pratiquer au début de ma carrière au collège Debeyre à Loos dans la banlieue de Lille[6].

1. Il s'agit du groupe scolaire Concorde, composé de l'école maternelle Anne-Frank et de l'école élémentaire Hélène-Boucher. Le bilan de cette recherche est présenté dans l'ouvrage : *Une école Freinet. Fonctionnements et effets d'une pédagogie alternative en milieu populaire* (2007, Paris, L'Harmattan, p. 129-157). Voir aussi les deux rapports de recherche (Reuter Y. (dir.), *Démarches pédagogiques et lutte contre l'échec scolaire, rapport de recherche de l'ERTe 1021*, 2002-2005, remis à la direction de la recherche du ministère de l'Éducation nationale, 2005, Université de Lille 3 ; *Effets d'un mode de travail pédagogique « Freinet » en REP, rapport de recherche (2004-2006), remis à l'IUFM du Nord-Pas-de-Calais*, 2006, Université de Lille 3).

2. Dans le cadre des équipes de recherche technologique en éducation (ERTe).

3. Reuter Y., *L'école Vitruve : un laboratoire de l'expérimentation pédagogique*, rapport de recherche, 2019, mis en ligne sur *L'Expresso* du *Café pédagogique* du 18 févr. 2019 : *www.cafepedagogique.net/lexpresso/Pages/2019/12/18122019Article637122509561121670.aspx*

4. Ruellan F., *Un mode de travail didactique pour l'enseignement-apprentissage de l'écriture au cycle 3 de l'école primaire*, thèse de doctorat en sciences de l'éducation, 2000, Villeneuve-d'Ascq, Université de Lille 3. Thèse reproduite par l'Atelier national de reproduction des thèses ; Reuter Y., « La pédagogie du projet comme analyseur de la didactique du français », *in* Reuter Y. (dir.), *Pédagogie du projet et didactique du français. Penser et débattre avec Francis Ruellan*, 2005, Villeneuve-d'Ascq, PU du Septentrion, p. 187-203.

5. Voir le n° 36 (1982) de la revue *Pratiques* consacré à la pédagogie de projet.

6. Pendant plusieurs années au début de ma carrière, j'ai travaillé en interdisciplinarité avec un collègue d'arts plastiques. Les projets menés aboutissaient à une brochure articulant Français et Dessin sous différentes formes : bande dessinée, roman-photo, publicité, etc.

10 **Les travaux sur des pratiques différentes.** Le deuxième ensemble regroupe des travaux réalisés ou en cours sur des pratiques différentes. Cela concerne la recherche menée pour le Haut Conseil de l'éducation sur les expérimentations liées à l'article 34 de la loi d'orientation et de programme pour l'école de 2005, ce qui avait conduit notre équipe à analyser les expérimentations menées dans ce cadre légal et les problèmes auxquels elles étaient confrontées[1]. Cela concerne encore une recherche en cours qui analyse les fonctionnements d'un collectif d'enseignants qui se sont regroupés en raison de leur intérêt pour des pédagogies alternatives et qui se coforment, hors institution et hors mouvements pédagogiques[2].

1. Reuter Y. (dir.), *Les expérimentations liées à l'article 34 de la loi d'orientation et de programme pour l'école de 2005*, rapport remis au Haut Conseil de l'éducation le 27 juin 2011 ; Bart D. et Reuter Y. (coord.), « Innovations et expérimentations scolaires : regards et interrogations de la recherche », *Les Sciences de l'éducation. Pour l'Ère nouvelle* 2013, vol. 46, n° 3.

2. Cette recherche, intitulée « Autoformation coopérative des enseignants et réussites scolaires », est dirigée par Catherine Souplet, et soutenue par l'Institut national supérieur du professorat et de l'éducation (INSPE) Lille-Nord de France. Une synthèse de cette recherche est prévue en 2022 aux éditions ESF.

11 **Les travaux sur des pratiques classiques.** Le troisième ensemble regroupe, dans une perspective de comparaison, les observations que j'ai pu mener, au sein de l'équipe Théodile et/ou au travers de mémoires d'étudiants sur ce qu'on peut appeler des pratiques classiques ou traditionnelles

ainsi que les discours qui les accompagnent (soit des centaines d'heures d'observations, de questionnaires, d'entretiens, de documents et de productions analysés).

12 **Les travaux à orientation didactique.** Le quatrième ensemble que j'évoquerai ici intègre les travaux menés dans une perspective plus spécifiquement didactique : sur la définition du travail enseignant[1], afin de préciser en quoi ce travail est contraint et formaté par les contenus et les disciplines, sur le fonctionnement des disciplines scolaires[2], sur ce qu'on a appelé la *conscience disciplinaire* (c'est-à-dire la manière dont les élèves et les enseignants reconstruisent les disciplines et se situent par rapport à elles[3]), ainsi que sur le *vécu disciplinaire*[4], c'est-à-dire les sentiments et les émotions que les élèves (ou les enseignants) déclarent associer aux disciplines[5].

1. Reuter Y. et Delcambre I., « L'objet enseigné comme objet à construire. Une discussion critique », *in* Schneuwly B. et Thevenaz-Christen T. (dir.), *Analyse des objets enseignés. Le cas du français*, 2006, Bruxelles, De Boeck, p. 233-246 ; Reuter Y., « Penser les conditions d'un dialogue entre didactiques et didactiques professionnelles », *in* Van Beveren J. (dir.), *Littérature, langue et didactique. Hommages à Jean-Louis Dumortier*, 2014, Namur, Université de Namur-CEDOCEF, p. 189-204.

2. Reuter Y. et Lahanier-Reuter D., « L'analyse de la discipline : quelques problèmes pour la recherche en didactique », *in* Falardeau E., Fisher C., Simard C. et Sorin N. (dir.), *La didactique du français. Les voies actuelles de la recherche*, 2007 (2004), Québec, PU Laval, p. 27-42 ; Reuter Y. (dir.), *Dictionnaire des concepts fondamentaux des didactiques*, 3e éd., 2013 (2007),Bruxelles, De Boeck.

3. Cohen-Azria C., Lahanier-Reuter D. et Reuter Y. (dir.), *Conscience disciplinaire. Les représentations des disciplines à la fin de l'école primaire*, 2013, Rennes, PU Rennes.

4. Reuter Y. (dir.), *Vivre les disciplines scolaires. Vécu disciplinaire et décrochage à l'école*, 2016, Paris, ESF.

5. Cette recherche tentait de comprendre les relations entre le fonctionnement des disciplines, le vécu de ces disciplines et le décrochage ou l'accrochage scolaire.

13 **Lectures et rencontres.** Je ne saurais enfin oublier deux sources importantes : les lectures théoriques que j'ai pu effectuer sur ces questions aussi bien en pédagogie qu'en didactiques, en sociologie, en psychologie ou en histoire de l'éducation ainsi que les rencontres, les échanges et les entretiens qui m'ont nourri avec des tenants de pratiques ou de pédagogies différentes : le Cercle de recherche et d'action pédagogique (CRAP), la Fédération des établissements scolaires publics innovants (FESPI), le Groupe français d'éducation nouvelle (GFEN), l'Institut coopératif de l'école moderne (ICEM), l'Office central de la coopération à l'école (OCCE), sans oublier, *last but not least*, ATD Quart Monde[1].

1. Avec la recherche CIPES (Choisir l'inclusion pour éviter la ségrégation) coordonnée par Clotilde Granado et Dominique Lahanier-Reuter. Voir le site : *https://experimentation-cipes-ecoles.fr/*

SECTION **4**

Quelques mots sur l'organisation de l'ouvrage

14 **Trois temps.** La dynamique de cet ouvrage est fondée sur trois temps.

15 **Analyser des fonctionnements pédagogiques différents.** Les chapitres qui composent la première partie sont consacrés à l'analyse de fonctionnements pédagogiques « différents ». Ils portent sur ce que j'ai trouvé de commun dans les pédagogies alternatives que j'ai pu étudier. Le premier chapitre précise les distinctions entre les principes de référence, les principes d'action et la multiplicité de dispositifs et de pratiques possibles. J'étudie ensuite, au travers des pratiques évaluatives, les points de rupture entre la pédagogie traditionnelle et les pédagogies différentes ainsi que les résistances possibles aux changements : ce qui fait que des pratiques classiques peuvent perdurer et que les pratiques différentes se heurtent à des résistances. Avec l'étude des pratiques coopératives, dans le troisième chapitre, je m'attache aux interactions entre systèmes pédagogiques et pratiques, en montrant en quoi les pédagogies différentes peuvent être vues comme des laboratoires des pratiques d'enseignement et d'apprentissages et des sources de leur renouvellement.

16 **Questions de méthode.** Le second temps comprend les deux chapitres suivants. Le premier est consacré à une discussion sur les méthodes de recherche employées et possibles pour analyser les pédagogies différentes. Le second chapitre propose, pour tous les acteurs et notamment les enseignants, un référentiel possible pour analyser les fonctionnements qu'ils mettent en place et les effets produits. Il s'agit donc d'un outil susceptible de leur permettre de réfléchir sur les pratiques et aussi de lutter contre la pauvreté de nombre de référentiels institutionnels.

17 **Débats.** La troisième partie examine d'abord les critiques portées à l'heure actuelle à l'encontre des pédagogies différentes notamment les idées selon lesquelles il existerait des confusions entre activités et apprentissages, et que les implicites et les malentendus seraient le propre des pédagogies différentes. Le dernier chapitre concerne la transférabilité possible de ces pratiques et de ces démarches ainsi que les difficultés auxquelles elle est confrontée, en insistant sur ce qui a été peu analysé jusqu'à présent, à savoir les obstacles suscités par les discours des militants pédagogiques eux-mêmes.

Cet ouvrage est ainsi conçu comme un instrument d'approfondissement théorique, un outil de formation et une ressource pour analyser les pratiques.

CHAPITRE 1

Comprendre les pratiques et pédagogies différentes

18 **Trois dimensions à distinguer.** Afin de mieux comprendre les fonctionnements pédagogiques, je propose dans ce chapitre une distinction entre trois dimensions qui les constituent : principes fondamentaux, principes d'action et pratiques[1]. Après avoir expliqué cette tripartition, je préciserai chacune des dimensions, avant de conclure ce chapitre sur les déplacements que suppose la mise en œuvre de ces principes et de ces pratiques.

1. Les distinctions théoriques proposées ici remodèlent mes analyses antérieures (Reuter Y., « Transformer l'école à partir des pédagogies et des pratiques alternatives ? », Journée scientifique *Innovations : l'approche des pédagogies et structures alternatives*, 2018, organisée par le CIRNEF, les CEMEA, la FESPI et l'ESPE de Caen, vendredi 18 mai, ESPE de Caen, *www.cemea.asso.fr/IMG/pdf/colloque-caen.pdf*). Elles peuvent s'appliquer à des formes pédagogiques plus classiques et permettre ainsi des analyses comparatives.

SECTION 1

Distinguer principes fondamentaux, principes d'action et pratiques

19 **La mise en œuvre de l'analyse.** Je propose d'analyser les pédagogies au travers de trois dimensions.

20 **Les principes fondamentaux.** La première dimension est constituée par un corps restreint de principes fondamentaux auxquels ces pédagogies se réfèrent, implicitement ou explicitement. Ces principes renvoient à la manière dont sont pensés l'école, les élèves, les apprentissages et l'enseignement.

21 **Les pratiques.** Une autre dimension est constituée par un ensemble ouvert de pratiques, de dispositifs, de situations, etc. qui peuvent prendre des formes différentes selon les contextes et les enseignants[1].

1. Ainsi, toute la troisième partie de l'ouvrage de Sylvain Connac (*Les pédagogies Freinet. Origines, valeurs et outils*, 2019, Paris, Eyrolles), consacré aux pédagogies Freinet, illustre ces variations autour du « Quoi de neuf ? », des fiches de réussite, des plans de travail, des conseils, etc.

22 **Les principes d'action.** J'ai encore proposé d'introduire une dimension intermédiaire, celle de principes d'action qui répondent à la question de savoir comment transformer les principes fondamentaux en modalités d'intervention. Ces principes d'action peuvent être mis en forme et hiérarchisés de différentes manières par les praticiens. Ils sont moins généraux que les principes de référence et regroupent de multiples pratiques possibles.

Si les principes fondamentaux et les principes d'action peuvent s'incarner sous la forme d'une diversité de pratiques, il convient cependant de préciser que chacune de ces dimensions jouit d'une relative autonomie. On peut donc trouver des pratiques mises en œuvre indépendamment des principes fondamentaux ou des principes d'action et, de la même façon, des principes qui peuvent être affirmés sans que les pratiques instaurées leur correspondent véritablement. Cela pose ainsi la question de la plus ou moins grande cohérence des démarches pédagogiques.

SECTION **2**

Les principes fondamentaux communs aux pédagogies différentes

23 **Cinq principes fondamentaux.** Je distingue à l'heure actuelle cinq principes fondamentaux qui fondent, implicitement ou explicitement, les pédagogies et les démarches « différentes », du moins celles que j'ai pu étudier, au-delà de leur diversité.

SOUS-SECTION **1**

L'école est un lieu où vivent les apprentissages

24 **Les apprentissages au cœur de l'école.** Ce principe signifie que ces pédagogies considèrent – loin de tout laxisme – que les apprentissages sont au cœur de l'école. Cela mérite toutefois trois précisions afin de cerner un peu mieux ce que signifie ce principe.

25 La diversité des apprentissages. En premier lieu, les apprentissages comprennent de manière indissociable ce qui est séparé ou hiérarchisé dans d'autres cadres pédagogiques, instruction et éducation ou encore savoirs, savoir-faire, savoir-être.

26 Les apprentissages participent de la vie. En deuxième lieu, les apprentissages scolaires ne sont pas opposés à la vie ou coupés d'elle, ils participent de la vie. L'école n'est pas construite comme un lieu d'ascèse ou de retraite. J'y reviendrai.

27 Les apprentissages sont au cœur de l'école. En troisième lieu, les apprentissages sont fondamentaux. Ce principe est essentiel en ce qu'il justifie les autres principes, les règles et les dispositifs mis en place, ainsi que les sanctions possibles. Il n'en demeure pas moins vrai qu'il peut s'exprimer sous des formes différentes. Ainsi, l'école de Mons-en-Barœul portait l'accent sur la notion de « travail » alors que, dans d'autres lieux pédagogiques, l'accent peut être porté sur les projets (voire sur le jeu).

SOUS-SECTION **2**

Tout enfant est capable d'apprendre pourvu que le milieu pédagogico-didactique soit favorable

28 Le postulat d'éducabilité. Ce principe peut sembler utopique aux yeux de certains dans la mesure où il n'est pas simple à comprendre. D'une certaine manière, il reformule le postulat d'éducabilité sur lequel Philippe Meirieu n'a cessé d'insister au travers d'une réflexion d'une grande exigence[1]. Cela articule le droit à l'éducation et la nécessité de faire le maximum afin que tous puissent en bénéficier. Cela pose que les élèves ont envie et sont capables[2] d'apprendre, pourvu que le milieu pédagogico-didactique soit favorable, c'est-à-dire l'encourage et le facilite.

1. Voir la citation en exergue, p. 5.
2. Voir le slogan du GFEN « Tous capables ».

29 Le respect des enfants. Cela ne peut se faire, du moins dans cette perspective, sans un véritable respect de leur identité d'enfants : prise en compte de leurs besoins de bien-être, de justice, d'écoute, etc., ainsi que de leurs cultures, de leurs représentations et de leurs pratiques. Cela explique la référence constante dans ces pédagogies – ce qui n'est pas le cas dans les formes scolaires classiques – à la Déclaration universelle des droits de l'enfant[1]. Cela repose en tout cas sur une confiance dans les possibilités des élèves et dans la puissance des dispositifs et démarches mis en place.

1. Voir la Déclaration des droits de l'enfant adoptée par l'Assemblée des Nations unies le 20 novembre 1959 et la Convention internationale des droits de l'enfant adoptée le 20 novembre 1989. Aussi, sur cette question : Le Gal J., *Les droits de l'enfant à l'école, pour une éducation à la citoyenneté*, 2002, Bruxelles, De Boeck et Belin.

30 **La responsabilité de l'école.** Cela signifie aussi que les maîtres privilégient l'investissement dans le milieu scolaire – milieu sur lequel ils ont prise – à la résignation face à un milieu extrascolaire sur lequel ils n'ont pas ou peu prise. Ce principe délimite ainsi un espace de responsabilité, celui du milieu scolaire, en considérant que, même si le milieu sociofamilial est problématique, le milieu pédagogico-didactique peut avoir une importance déterminante dans les apprentissages. Cela suppose donc une responsabilité assumée de la part des enseignants quant aux succès et aux échecs des élèves.

SOUS-SECTION **3**

Les apprentissages sont les produits des activités des sujets

31 **Personne ne peut apprendre à la place des sujets.** Ce principe pose, en accord avec les théories actuelles sur la question, que les apprentissages sont le fait des sujets eux-mêmes. En d'autres termes, personne ne peut apprendre à leur place.

32 **Les modalités et le rythme des apprentissages varient selon les sujets.** En d'autres termes encore, il est illusoire de penser que dire à un sujet comment apprendre et lui imposer telle ou telle démarche conduiraient mécaniquement à ce qu'il apprenne ce qu'on souhaite lui faire apprendre. De fait, les apprentissages s'articulent à ce que sont les sujets (ils se fondent sur le « déjà-là »), à ce qui fait sens pour eux et à leurs éventuels projets. Cela suppose donc, complémentairement, que les modalités et le rythme des apprentissages varient selon les sujets.

SOUS-SECTION **4**

Les apprentissages sont des processus complexes

33 **Les multiples dimensions des apprentissages.** Toujours en accord avec les théories actuelles, les apprentissages ne sont pas considérés comme de longs fleuves tranquilles. Loin d'être linéaires, ils connaissent des stagnations,

des accélérations, des ralentissements, des régressions, etc. Cela est lié, au moins en partie, au fait qu'ils articulent de multiples dimensions : actionnelle et réflexive, rationnelle et émotionnelle, consciente et inconsciente, etc.

34 **Des cheminements au sein d'interactions sociales.** De surcroît, les apprentissages ne consistent pas en une relation simple et décontextualisée entre un sujet et tel ou tel contenu mais ils s'effectuent dans le cadre d'interactions sociales, dont il importe de construire les conditions de facilitation. Ils sont ainsi le produit de cheminements personnels au sein d'interactions sociales.

SOUS-SECTION **5**

L'enseignement est un processus complexe

35 **Mettre en place les conditions de possibilité des apprentissages.** Ce principe pose – ici encore à l'instar des travaux théoriques sur la question – que l'enseignement ne peut pas être conçu sur le modèle d'un schéma de la communication outrageusement simplifié comme un acte de transmission-réception. L'expression même d'« enseignement-apprentissage » où le tiret qui relie les deux termes est censé manifester le passage mécanique et intégral de contenus déterminés d'un acteur (l'enseignant) aux autres acteurs (les élèves) est porteuse d'illusions. Il est donc nécessaire de changer de conception et de penser l'enseignement comme la mise en place des conditions de possibilité des apprentissages plutôt que comme l'imposition de contenus et de modalités d'apprentissages.

36 **Un enseignant, concepteur et garant, au sein d'interactions.** De façon complémentaire, l'enseignement ne peut être considéré comme un acte effectué par un exécutant isolé dont la compétence serait garantie à vie par un diplôme initial. C'est le fait d'un concepteur, intégré dans des équipes, qui développe ses compétences et travaille à sa formation tout au long de sa vie.

SECTION **3**

Les principes d'action et les pratiques possibles

37 **Une vingtaine de principes d'action.** Je vais maintenant préciser quels principes d'action se retrouvent fréquemment dans les pédagogies alternatives que j'ai pu étudier et qui produisent, selon moi, des effets intéressants. J'illustrerai cela d'exemples de pratiques possibles.

Je distingue à l'heure actuelle une vingtaine de principes d'action qui permettent l'opérationnalisation des principes fondamentaux. L'ordre d'exposition adopté ne manifeste aucune hiérarchie et est discutable, une des difficultés résidant, comme dans toute catégorisation, dans le fait de décomposer et d'isoler ce qui fonctionne en interrelation.

SOUS-SECTION **1**

Se centrer, en tous temps et en tous lieux, sur les apprentissages

38 **La centration constante sur les apprentissages et leur sens.** Un principe d'action important consiste en une centration constante sur les apprentissages. Cela signifie, entre autres pratiques possibles, de se focaliser le plus rapidement possible sur le travail d'apprentissage, à la différence de la recherche de l'obtention préalable du « calme » qui, en l'absence d'intérêt des élèves, ne peut être obtenu que par la contrainte. Cela explique la mise en place immédiate de démarches qui font sens pour les élèves : expression, projets, conseils, débats, construction d'événements, etc. De fait, l'entrée dans des apprentissages susceptibles d'intéresser les élèves est considérée comme un levier puissant pour établir un bon climat de travail, ce que nous avions pu voir à l'œuvre à l'école de Mons. Il convient d'ailleurs de noter que, dans ces pédagogies, les élèves peuvent parfois aller d'eux-mêmes dans les classes pour reprendre leurs activités.

Cela signifie aussi de préciser constamment l'enjeu et les intérêts des activités scolaires et de construire avec les élèves le plus fréquemment possible des bilans d'apprentissage. Non pas « ce que nous avons fait » mais « ce que nous avons appris ». La notion d'« institutionnalisation » en didactiques[1] permet d'éclairer les intérêts de ce type d'activités.

1. Voir les travaux de Guy Brousseau et l'article « Institutionnalisation » dans le *Dictionnaire des concepts fondamentaux des didactiques* (Lahanier-Reuter D., « Institutionnalisation », *in* Reuter Y. [dir.], *Dictionnaire des concepts fondamentaux des didactiques*, *op. cit.*, p. 119-122).

39 **Ne laisser aucun lieu scolaire en dehors des apprentissages.** Ce principe d'action implique encore de ne considérer aucun espace scolaire (cour, couloirs, toilettes, etc.) comme espace de non-apprentissage et donc de mettre en place les dispositifs d'attention de la part des maîtres ainsi que les dispositifs de médiation et de régulation des conflits nécessaires. En d'autres termes, si l'école est un lieu d'apprentissages, aucun espace interne ne saurait y contrevenir.

SOUS-SECTION **2**

Construire les enfants comme des apprenants

40 **Des apprenants, non des exécutants.** Il s'agit de constituer les enfants, qui ont chacun des histoires extrascolaire et scolaire singulières, en apprenants *d'un certain type* : chercheurs, curieux, calmes, réflexifs, travailleurs, autonomes et solidaires, etc., et non en exécutants soumis, concurrents, agités et décrocheurs.

41 **Construire l'adhésion.** L'apprenant, dont il est question ici, doit être constitué comme membre d'une communauté et donc astreint à des règles et à des modes de fonctionnement spécifiques. Nombre de dispositifs peuvent être ainsi compris comme étant chargés de construire et de maintenir l'adhésion : conseils d'élèves, métiers[1], recherches à partir du matériel et des questions apportés par les élèves, etc. Il convient de noter que cela ne peut s'effectuer qu'avec le souci constant de ne pas donner l'impression à l'élève qu'il rompt avec son milieu afin que le trajet scolaire ne soit pas vécu comme un reniement, comme une trahison familiale et sociale[2], etc.

1. Les métiers sont des tâches qui participent de la gestion de la classe ou de l'école ainsi que de la responsabilisation des élèves. Elles sont tournantes et en grand nombre : responsabilité du rangement, des lumières, de la trésorerie, des aides, de la bibliothèque, des ordinateurs, des flux de la cantine, etc.

2. Comment articuler histoire sociale et histoire scolaire ? On apprend sans doute plus difficilement en reniant son identité (voir, en sociologie, la notion de « conflit de loyauté »).

42 **Articuler enfant et apprenant.** Une question fondamentale qui se pose est donc celle de l'articulation entre enfant et apprenant. Il s'agit de faire en sorte que l'enfant serve l'apprenant à la différence de la pédagogie traditionnelle où l'élève est construit contre l'enfant qui doit être contrôlé constamment. Et, au-delà, il s'agit de savoir comment articuler élève et apprenant disciplinaire[1], dans la mesure où on ne sollicite ni les mêmes compétences, ni les mêmes attitudes, ni les mêmes prérequis dans les différentes disciplines scolaires. Les dispositifs déjà évoqués tels les « Quoi de neuf ? », les recherches, les créations, les projets, etc., participent de cette construction.

1. Voir l'article « Sujet didactique » dans le *Dictionnaire des concepts fondamentaux des didactiques*.

SOUS-SECTION **3**

Construire un milieu scolaire riche, dynamique et approprié

43 **La transformation du milieu scolaire.** La transformation d'un espace imposé (école, classes, couloirs, etc.) en un espace de vie scolaire favorable aux apprentissages et au bien-être se caractérise notamment par la constitution d'un milieu riche de stimulations et de ressources possibles (*via* l'importance et la variété des documents, des affichages, des outils, des expositions, etc.). C'est aussi un milieu dynamique, évolutif, enrichi constamment et non figé. C'est encore un milieu approprié par les élèves dans la mesure où ils le connaissent dans sa totalité et où ils peuvent, eux aussi (et pas seulement l'enseignant), amener des documents et des objets et y trouver fonctionnalité, repères et plaisir. Tout cela implique des dispositifs de réflexion avec les collègues et les élèves pour s'accorder sur les outils souhaitables et utiles, que ce soit dans la classe, dans les couloirs, dans la cour, dans les toilettes, etc.

SOUS-SECTION **4**

Construire la citoyenneté scolaire

44 **La constitution d'une microsociété.** Cette appropriation nécessite, si on veut aller plus avant dans la voie des pédagogies différentes, la constitution d'une microsociété dotée d'une relative autonomie. Cela se concrétise notamment par l'élaboration de ses propres règlements, par la mise en place d'instances de décision spécifiques, par ses multiples métiers. Cela nécessite aussi une structuration spécifique de ses loisirs (récréations, fêtes, ateliers du soir animés, en partie, par les maîtres ou les parents). Les loisirs peuvent en effet être intégrés au projet éducatif et non posés comme de simples zones de détente, à l'écart du travail et des règles collectives.

45 **Faire vivre la démocratie.** Sociabilité et citoyenneté sont des principes centraux en ce qu'ils sont posés constamment – et non à tel moment d'éducation à la citoyenneté – comme objectifs, objets et conditions d'apprentissage. Cette microsociété s'articule donc à un idéal démocratique, mis à l'épreuve au quotidien, quelles qu'en soient les difficultés. Il ne s'agit pas de l'imposer, sous forme de discours sporadiques visant un avenir plus ou moins éloigné, mais de tenter de le faire vivre, ici et maintenant, au sein de l'école.

Dans cette perspective, de multiples dispositifs visent à étayer ce projet : les destins des élèves ne sont pas figés (ainsi, les droits peuvent se perdre mais aussi se récupérer) ; les règles élaborées collectivement – au sein des conseils de classe et d'école – sont votées et mises à l'épreuve avant d'être retenues et socialisées[1] afin que nul ne les ignore et elles demeurent modifiables ; chacun y est soumis, élèves et enseignants, ce qui est fondamental pour le respect mutuel et l'adhésion des élèves à la valeur des règles et des lois. La coopération et l'entraide – et non la compétition – constituent des principes de fonctionnement privilégiés ; les problèmes qui surviennent peuvent être débattus au travers de moments et de dispositifs prévus à cet effet, que ce soit *via* les médiateurs élus ou *via* les dispositifs de médiation différés qui permettent de reconstruire le problème, d'y réfléchir collectivement au regard des règles de l'école, de confronter les points de vue et de prendre une décision qui sera, en général, mieux acceptée.

1. Au travers de comptes rendus et d'affichages.

SOUS-SECTION **5**

Penser les relations entre gouvernance et apprentissages

46 **La gouvernance : une question pédagogique.** La question de l'appropriation du milieu scolaire et de la construction de la citoyenneté, dans le cadre des pédagogies différentes, nécessite encore que la question de la gouvernance soit construite comme une question pédagogique. Cela signifie de la penser avant tout comme une stratégie d'aide aux apprentissages, c'est-à-dire comme une dimension liée tout autant aux apprentissages dans les divers domaines disciplinaires qu'à l'apprentissage de la vie démocratique.

47 **Vie démocratique et apprentissages.** En effet, la vie démocratique favorise les apprentissages en tant qu'elle ne donne pas le sentiment au sujet scolaire qu'il est purement contraint. Il a ainsi conscience qu'il a du pouvoir sur sa vie. En outre, un fonctionnement plus démocratique multiplie les situations de parole, d'écriture, de responsabilités, de débats, d'argumentation, de critique, etc. Cela explique l'importance conférée aux activités d'expression, de recherche, de créations, de débats dans l'ensemble des disciplines ainsi que la dénaturalisation des règles et des lois, et l'introduction aux débats sociaux ou scientifiques. Cela engendre aussi moins de contradictions entre discours tenus par les enseignants et pratiques instaurées quant à l'autonomie, à la vie démocratique, aux droits des enfants, à l'esprit critique, etc.

SOUS-SECTION **6**

Construire un milieu sécurisant

48 L'importance de la sécurisation. L'élève peut sans doute d'autant mieux apprendre qu'il se sent en sécurité dans l'école, dans la classe, dans les apprentissages, etc. Ce principe est d'une grande importance, particulièrement dans des milieux sociaux où les conditions de vie sont difficiles et les rapports à l'école souvent compliqués. La sécurisation est donc un élément essentiel pour la construction d'un milieu favorable aux apprentissages. Il s'agit de construire et de garantir un univers scolaire sécurisé, qui évite, autant que faire se peut, toute violence ou toute crainte susceptible de perturber le travail[1] et qui autorise la parole des élèves ainsi que l'expression de leurs besoins d'enfants sans « souffrance ajoutée » (boire en classe, bouger, se déplacer, etc.). Il s'agit encore de permettre aux élèves de se décharger, au moins en partie, de leurs préoccupations extérieures et de s'exprimer véritablement. À cette fin, divers dispositifs existent[2] qui structurent ce matériau dans des formes scolairement gérables, articulables aux apprentissages. Par exemple, à partir du « Quoi de neuf ? », des fils peuvent être tirés vers des contenus d'apprentissage qui font l'objet de recherches en mathématiques, français, histoire, etc.

Les élèves ne sont pas non plus réduits à l'impuissance : autonomie dans les déplacements, construction collective des règles, expérimentation et révision possible de celles-ci, publicité par affichage et courriers dans les classes, contrôle collectif des fonctionnements par les conseils, devoirs et droits dans le règlement intérieur, etc.

La sécurisation concerne encore l'information donnée aux parents. L'école demeure en effet, trop souvent encore, un lieu opaque et insécurisant pour eux (voir, par exemple, les bulletins scolaires compliqués à lire entre abréviations, multitude des moyennes et remarques très générales, ou encore les annotations sur les copies sous forme d'abréviations, etc.).

1. Dans sa synthèse des recherches en neurosciences, Houdé (*L'école du cerveau. De Montessori, Freinet et Piaget aux sciences cognitives*, 2019, Bruxelles, Mardaga) insiste à plusieurs reprises sur le rôle négatif de la peur sur la mémorisation et les apprentissages.

2. « Quoi de neuf ? », textes libres, conseils, créations, etc.

49 Sécuriser les apprentissages. Il s'agit aussi de sécuriser les apprentissages eux-mêmes, *via* le droit à l'erreur[1] et un travail sérieux sur les erreurs commises[2], le respect du temps nécessaire pour accomplir la tâche, un regard bienveillant, la valorisation des efforts et des progrès, le droit de se questionner et de travailler sur les questions qu'on se pose, un fonctionnement plus formateur de l'évaluation (absence de notes et de classements[3], allégement du stress, etc.), des aides systématiques, de la part des pairs et des maîtres, qu'elles soient matérielles (réserve d'instruments pour les oublis, marquages accessibles de tous les objets disponibles dans les classes, plans-guides pour se servir soi-même des ordinateurs, etc.) ou cognitives. En fonction du principe de coopération, l'aide est donc légitime, officielle et, en aucun cas, stigmatisée. Des cadres organisationnels explicites (affichage public de l'organisation du travail dans la journée, plans individuels, routines de fonctionnement, etc.), des phases répétées de mise en relation de ce qui se fait ou de ce qui vient de se faire avec ce qui avait été travaillé auparavant, un temps ajusté aux nécessités de chacun, l'entraide autour des solutions possibles ou encore des moments de bilan des apprentissages participent de cette sécurisation, etc. La sécurisation passe ainsi beaucoup par la clarté quant aux cadres, règles, tâches, objectifs, critères, découpages disciplinaires[4], etc. C'est d'ailleurs sans doute parce que le cadre pédagogique est sécurisé à un tel point que l'imprévu peut être intégré sans mettre en péril l'ensemble et que les élèves peuvent apprendre en étant encouragés à prendre des risques et s'engager, très tôt, dans des projets, des recherches, des exposés ou des créations, etc.

1. L'erreur n'est pas stigmatisée mais constituée comme un objet de travail intéressant et légitime.

2. Astolfi J.-P., *L'erreur, un outil pour enseigner*, 1997, Paris, ESF ; Reuter Y., *Panser l'erreur. De l'erreur au dysfonctionnement*, 2013, Villeneuve-d'Ascq, PU du Septentrion.

3. L'absence de notes et de classement ne signifie pas la disparition totale des mécanismes évaluatifs. Mais ceux-ci sont transformés. Il existe ainsi des « brevets », épreuves de contrôle sollicitées par les élèves quand ils se sentent prêts, qui valident leur état de connaissance sur un point donné, ainsi que des analyses précises des progressions de chacun.

4. Sur la « conscience disciplinaire », c'est-à-dire la manière dont les élèves reconstruisent plus ou moins clairement les contenus et les enjeux des disciplines scolaires : Cohen-Azria C., Lahanier-Reuter D. et Reuter Y. (dir.), *Conscience disciplinaire. Les représentations de disciplines à la fin de l'école primaire*, *op. cit.*

50 **L'importance de l'accueil.** La sécurisation implique encore une attention particulière accordée à l'accueil (accompagné d'une attention à chacun, aussi minime soit-elle[1]), le respect des règles par tous, le souci d'un vécu positif dans la classe et hors la classe *via* divers espaces de parole possibles[2]. Il me semble, en tout cas, que considérer l'accueil comme un élément secondaire, voire superflu, engendre le risque de rendre plus difficile toute *rencontre* avec certains élèves.

1. Un « bonjour » accompagné du prénom, un sourire, un mot gentil, une question si le maître voit qu'il y a un problème…

2. Par exemple, sur les espaces de parole possibles : Delachanal Perriolat A., *Un temps pour apprendre. Quand la parole ouvre l'accès aux savoirs*, 2015, Paris, ESF.

51 **Articuler bienveillance et exigence.** Mais la bienveillance ne s'exerce pas, dans les pédagogies « qui marchent », sans son complément indispensable, l'exigence, qui participe de la sécurisation en signifiant aux élèves et à leur famille que bienveillance ne rime pas avec laxisme, que l'équipe enseignante ne veut pas que les élèves soient défavorisés par la suite et qu'elle souhaite les mener le plus loin possible. À l'encontre de la démission, cela participe du respect des élèves et de leurs familles. Cela explique, entre autres pratiques, l'importance des « défis », qui consistent à mettre l'élève au défi d'aller encore plus loin dans la voie du travail où il s'est engagé.

SOUS-SECTION **7**

Construire l'école comme un lieu de « vraie » vie

52 Une « vraie » vie. Il s'agit de faire en sorte que le temps passé à l'école soit ressenti comme une « vraie » vie, plaisante, et non comme un espace d'attente, d'ennui, de simulacre, etc., qu'elle fasse sens. Cela explique la place accordée aux questions des élèves, aux projets, aux événements partagés (braderies[1], bouquineries[2], classes vertes, etc.). Cela implique complémentairement un mode de fonctionnement des disciplines qui engendre un « vécu disciplinaire » positif, c'est-à-dire qui donne envie de venir à l'école et non de décrocher lorsque l'imposition, la mémorisation et l'absence de sens dominent comme c'est souvent le cas dans certaines disciplines[3].

1. Voir, à l'école Vitruve, l'importance de la braderie annuelle (Reuter Y., *L'école Vitruve : un laboratoire de l'expérimentation pédagogique, op. cit.*).

2. Voir les expériences menées au collège Paul-Éluard des Minguettes (Collectif, *Paul Eluard, un collège aux Minguettes*, 1987, Paris, Syros ; Lelièvre-Portalier D., Privat J.-M. et Vinson M.-C., « Théories et pratiques des médiations culturelles au collège », *in* Privat J.-M. et Reuter Y. (dir.), *Lectures et médiations culturelles*, 1991, Villeurbanne, Maison du livre, de l'image et du son, diffusion PU Lyon, p. 153-177 ; Lelièvre-Portalier D. et Vinson M.-C., « La bouquinerie au collège : un nouveau marché de lecture », *Pratiques* 1993, n° 80, « Pratiques de lecteurs », p. 35-55 ; Privat J.-M. et Vinson M.-C., « Habitus vertical et habitus lectural », *Pratiques* 1986, n° 52, « Pratiques de lecture », p. 83-111 ; Privat J.-M. et Vinson M.-C., « Les intermédiaires de lecture », *Pratiques* 1989, n° 63, « L'innovation pédagogique », p. 63-101.

3. Reuter Y. (dir.), *Vivre les disciplines scolaires. Vécu disciplinaire et décrochage à l'école, op. cit.*

53 L'importance de l'expression. Cela explique encore l'importance accordée à l'expression et à l'autorisation en matière d'écriture qui prennent le pas, au moins au début, sur les normes : que les élèves s'autorisent et osent dire et se dire dans la classe et dans l'école. D'où l'importance de pratiques telles le « Quoi de neuf ? », les textes libres, les projets, les chefs-d'œuvre, etc. Il s'agit ainsi de ne plus laisser se mettre en place des oppositions souvent peu facilitantes pour les apprentissages entre écritures scolaire et extrascolaire[1], entre vies scolaire et extrascolaire.

1. Penloup M.-C., *L'écriture extra-scolaire des collégiens. Des constats aux perspectives didactiques*, 1999, Paris, ESF ; Barré de Miniac C., Cros F. et Ruiz J., *Les collégiens et l'écriture. Des attentes familiales aux exigences scolaires*, 1993, Paris, ESF.

SOUS-SECTION **8**

Construire des passerelles entre les vies des élèves

54 Relier les univers. Un principe d'action complémentaire consiste à construire des passerelles plutôt qu'à creuser des fossés, en partant du déjà-là des élèves, en articulant scolaire et extrascolaire, en se fondant sur questions et désirs, en tenant compte des connaissances, compétences, représentations, valeurs, pratiques, etc.

55 **Le patrimoine culturel de proximité.** Un des enjeux de la microsociété précédemment évoquée consiste ainsi à construire un « patrimoine culturel de proximité »[1], expression qui désigne la construction d'une culture commune à partir de ce qu'apportent les élèves, de ce qu'ils font en classe, des correspondances scolaires, des recherches, des documents que leur amènent les maîtres en écho à leurs productions, de l'inscription et de la conservation des expériences vécues (des discours, des écrits, des dessins, des sculptures, etc.), au travers aussi de multiples instruments (cahiers de classe, affichages, archivages, etc.). Cette culture, qui forge des identités collectives, assume de surcroît de multiples fonctions : base de travail permettant la mise en relation des diverses activités, trace d'une histoire collective et individuelle, source pour repérer des évolutions dans les apprentissages... Elle constitue une réponse particulièrement intéressante à la tension entre culture scolaire et culture extrascolaire, une *médiation* vers des formes estimées plus légitimes et un *outil* alternatif face aux prérequis souvent invoqués.

1. *Dictionnaire de la pédagogie Freinet*, p. 267-270 et Reuter Y. « Les pratiques extrascolaires de lecture et d'écriture : problèmes et enjeux », *Repères* 2001, n° 23, « Les pratiques extrascolaires de lecture et d'écriture des élèves », p. 9-31.

SOUS-SECTION **9**

Construire la possibilité de cheminements différents

56 **Diversifier les chemins d'apprentissage.** Ce principe implique qu'en fonction de la diversité des cheminements et des rythmes d'apprentissages, l'enseignement ne peut être conçu selon la modalité dominante de la transmission uniforme. Il s'agit donc de construire la possibilité de ces cheminements diversifiés. Cela implique, par exemple, de reconnaître que les questionnements des élèves sont une source de motivation et de sens pour l'appropriation de savoirs et de savoir-faire. Il s'agit donc, pour l'enseignant, de susciter les questions, en s'appuyant sur le désir de savoir et de comprendre supposé partagé par tout enfant ainsi que sur les dispositifs construits pour éveiller, stimuler, entretenir et approfondir ce désir. Par exemple, à partir des « Quoi de neuf ? »[1], les élèves peuvent s'engager dans des recherches ou des préparations de conférences qui pourront être relancées vers des approfondissements lors des phases de socialisation *via* des renvois et des interrogations des maîtres et/ou des pairs. Dans cette perspective, les pratiques possibles sont variées, que ce soit au sein de dispositifs individuels (questionnements, exposés, recherches, plans de travail, bilans individualisés, etc.) ou collectifs (projets, etc.).

1. Aussi appelés « entretiens du matin », ces dispositifs, qui peuvent être très formalisés (temps de parole bref, questions des pairs, contrôle du temps et distribution de la parole par un président de séance, etc.), consistent à permettre aux élèves qui le souhaitent (et qui se sont inscrits auparavant) de présenter aux autres un objet ou un événement issu de leur vie.

57 **L'importance du temps.** Il est en tout cas important de donner du temps aux élèves afin qu'ils puissent travailler et tâtonner[1] et, en fin de compte, réfléchir, alors que, dans nombre de classes, le temps véritablement consacré à la réflexion et à la recherche est minime. Afin aussi qu'ils puissent terminer leur travail et non l'interrompre comme si sa réalisation était de peu d'importance pédagogique. Ce temps peut d'ailleurs être préparé par l'annonce des travaux à effectuer. Cela permet, entre autres, de pouvoir anticiper/maturer l'activité à effectuer et, par exemple, d'éviter des récits « squelettiques ». Le temps donné peut, ainsi, être différencié selon les élèves (la « lenteur » n'est donc pas nécessairement construite comme un problème) et la possibilité de pouvoir finir et reprendre son travail est donnée à tous, à la différence de l'uniformisation temporelle des pratiques scolaires traditionnelles qui conduit les plus rapides à s'ennuyer et les plus lents à ne jamais terminer.

1. Je pense ici au « tâtonnement expérimental » cher à Freinet et à ses successeurs.

SOUS-SECTION **10**

Articuler cheminements individuels et collectifs

58 **De multiples dispositifs possibles.** Un des défis de l'enseignement lié aux possibilités de cheminements individuels réside en l'articulation entre trajets singuliers et trajets collectifs des groupes ou des classes. Cela passe, ici encore, par de multiples dispositifs possibles. C'est le cas des dispositifs de socialisation des productions, *via* les phases de discussion critique, pensés pour aider chacun à améliorer ses travaux, qui supposent des règles combinant exigence et bienveillance dans l'écoute et où toute agression est prohibée. C'est aussi le cas des phases de comptes rendus de recherches ou de conférences qui permettent au collectif de partager des savoirs construits par ses membres.

SOUS-SECTION **11**

Articuler le faire et la réflexion sur le faire

59 **Ce principe nécessite plusieurs précisions.** Il signifie que les élèves apprennent parce qu'ils agissent et au travers de ce qu'ils font. En ce sens, le faire scolaire est un faire authentique et non un faire semblant. Il s'agit de construire de véritables projets, recherches, correspondances... parce que cela participe de l'apprendre.

60 **Articuler action et réflexion.** Cependant, ce faire expérientiel ne permet d'apprendre que parce qu'il s'articule avec la construction d'une posture

réflexive au travers de dispositifs diversifiés : situations de préparation à l'action (production de plans ou d'esquisses, etc.), discussions collectives, en binômes ou avec le maître, autour des problèmes rencontrés, des stratégies et des solutions possibles, dispositifs d'aide ou de demandes d'aide, relation réfléchie à l'action constamment sollicitée par l'enseignant, temps accordé, rarement contraint et pouvant être prolongé jusqu'à un consensus sur une évaluation satisfaisante, multiplicité des situations de socialisation et d'évaluation, etc. Ainsi, dans ce cadre, les deux piliers des apprentissages sont le faire et la distance réflexive au faire. Si l'action est nécessaire pour nourrir la pensée, la distance réflexive est tout aussi nécessaire pour formaliser, anticiper, évaluer, développer sa capacité d'autoévaluation, etc.

61 **L'importance des situations pédagogiques.** Cela explique la réflexion importante dans les pédagogies alternatives sur les situations pédagogiques. Ainsi, Francis Ruellan[1] distingue, en matière d'écriture en projet, trois types de situations. Les situations « fonctionnelles » sont celles où les élèves, par petits groupes, écrivent en échangeant entre eux. Les situations « différées » servent à construire collectivement les problèmes qu'ils ont rencontrés, problèmes qui seront traités dans des situations de « structuration », où sous la conduite de l'enseignant, les élèves construisent des connaissances sur ces problèmes et les manières de les résoudre. Puis, un retour vers les situations de production est opéré avec un passage possible, par de nouvelles situations différées où les élèves réfléchissent à la manière d'opérationnaliser les connaissances acquises dans leur texte. D'autres chercheurs ont aussi pu proposer des distinctions entre situations d'expression-libération et situations de structuration. Cette volonté d'articuler activités et réflexivité explique encore les travaux autour de dispositifs tels les évaluations collectives ou les narrations de recherche[2], ainsi que l'importance accordée aux projets, qui articulent le concret et l'abstrait, l'action, sa préparation, son évaluation et sa socialisation, l'individuel et le collectif, le scolaire et l'extrascolaire, etc.

1. Ruellan F., « Un mode de travail didactique pour l'enseignement de "compétences" en production d'écrits », *Spirale* 1998, n° 23, « Apprendre l'écrit », p. 53-73 ; Ruellan F., *Un mode de travail didactique pour l'enseignement-apprentissage de l'écriture au cycle 3 de l'école primaire*, *op. cit.* ; Ruellan F., « Indices d'hétérogénéité dans une démarche d'écriture en projet », *Recherches* 2001, n° 35, « Hétérogénéité », p. 99-135 ; Ruellan F., « Évolution du rapport au texte et à l'écriture dans une démarche de travail en projet », *Pratiques* 2002, n°s 113-114, « Images du scripteur et rapport à l'écriture », p. 154-190.

2. Sauter M., « Narrations de recherche : une nouvelle pratique pédagogique », *Repères-IREM* 1998, n° 30, p. 9-21.

SOUS-SECTION **12**

Varier les rôles et les positions par rapport aux contenus proposés

62 **Varier les postures des élèves.** En relation avec l'articulation des situations, il s'agit aussi de faire en sorte que les élèves apprennent au travers d'une multiplicité de rôles et de positions par rapport aux savoirs et aux savoir-faire : usager, créateur, chercheur, professeur, conférencier, auditeur, discutant, critique, aide, etc., ce qui offre une diversité d'entrées pour s'approprier les contenus d'apprentissage. Cela en n'oubliant pas de rendre possible le questionnement : on apprend notamment à partir de (ses) questions[1], de ce qu'on souhaite savoir. Chaque élève a ainsi plus de chances de trouver l'entrée qui lui convient ou, un même élève peut, s'il éprouve des difficultés à partir de telle posture, avoir une chance de trouver une entrée différente qui lui convienne. L'élève est ainsi constitué en acteur protéiforme, aux rôles et aux activités bien plus diversifiés que ceux des élèves soumis à une pédagogie plus classique.

1. Jean-François Halté avait l'habitude de dire en formation d'enseignants, de manière quelque peu provocatrice, que dans les fonctionnements classiques l'école passe son temps à répondre à des questions que ne se posent pas les élèves et à ne pas répondre à celles qu'ils se posent.

63 **Varier les formes de pensée.** Complémentairement encore, l'élève apprend en expérimentant différentes formes de pensée. Dans ce cadre s'inscrivent, par exemple, l'importance accordée à la créativité et la valorisation des arts ainsi que la remise en question de certains clivages opposant les disciplines scolaires, *via* les recherches ou les créations en mathématiques[1] ou encore les discussions critiques, la planification et la réflexivité dans le domaine des arts.

1. Les recherches en mathématiques (comme dans d'autres domaines) ont pour point de départ un problème qui intéresse l'élève à partir de sa vie. Très diverses et pouvant parfois se dérouler sur plusieurs semaines, elles permettent le tâtonnement et, progressivement, avec l'aide du maître et du groupe, la découverte de notions mathématiques. Les élèves peuvent ainsi fabriquer des opérations imaginaires. Pour plus de précisions sur cette question des recherches et des créations en mathématiques, outre le *Dictionnaire de la pédagogie Freinet* : Lahanier-Reuter D., « Enseignement et apprentissages mathématiques dans une école "Freinet" », *Revue française de pédagogie* oct.-nov.-déc. 2005, n° 153, « Décrire, analyser, évaluer les pédagogies nouvelles », p. 55-65.

SOUS-SECTION **13**

Construire des dispositifs de coopération et d'entraide

64 **Privilégier la coopération à la compétition.** Dans la mesure où on n'apprend pas seul, la coopération est privilégiée par rapport à la compétition[1]. Il s'agit de construire l'école et les groupes comme des communautés

d'apprentissage bienveillantes avec des compositions variables et de multiples interactions entre collectifs.

Cela nécessite de réfléchir aux systèmes d'aide possibles (matériels ou intellectuels) : les réserves de matériel scolaire qui restent dans la classe et sont à disposition de ceux qui en manquent chez eux ou qui les oublient, les affichages de demandes d'aides auprès de l'enseignant ou d'autres élèves, les affichages de propositions d'aides, les affiches elles-mêmes qui récapitulent les savoirs capitalisés comme autant de ressources constamment disponibles, etc. Cela favorise, entre autres, différents modes d'explicitation, la gestion de l'hétérogénéité, une diversité de recours possibles.

Il s'agit donc, ici encore, de transformer une division administrative et une juxtaposition d'individus (l'école, la classe, etc.) en collectif d'apprentissage sur le mode de l'entraide et de la bienveillance.

1. Ce qui n'empêche ni les défis ni l'exigence.

SOUS-SECTION **14**

Donner la possibilité de se situer dans des histoires d'apprentissages

65 **Une véritable spécificité.** Dans le cadre de ces pédagogies, un autre principe d'action consiste à donner la possibilité de se situer dans des histoires d'apprentissages. Ces histoires peuvent être individuelles ou collectives, celles de la classe, des classes antérieures et ultérieures. Elles permettent de savoir d'où on vient et où on va, de rendre lisibles les progrès de chacun et désirables les apprentissages à venir.

Ces histoires sont rendues accessibles aux élèves au travers de dispositifs tels les plans de travail et les brevets, les étapes des projets, la conservation d'un maximum de documents concernant les élèves[1], le livre de la classe, les classes inter-âge, les situations de mise en relation avec les élèves des classes antérieures ou ultérieures (situations de lecture, d'aides, de réponses aux questions, etc.), etc.

Il existe là une véritable spécificité qu'on peut comprendre comme un des moyens utilisés pour construire le sujet scolaire, tisser des liens entre situations et contenus, encourager en rendant compte du chemin accompli et en éclairant le chemin à parcourir[2], etc.

1. Certains maîtres « Freinet » de classe unique les conservaient de la maternelle jusqu'à la fin de l'élémentaire.

2. Cela n'est pas sans relation avec les fratries ou les classes uniques.

SOUS-SECTION **15**

Construire des dispositifs évaluatifs susceptibles d'étayer les apprentissages

66 **L'évaluation comme une aide aux apprentissages.** Un principe complémentaire consiste à construire l'évaluation comme une aide aux apprentissages plus que comme une conclusion des apprentissages. L'évaluation formative est conçue pour permettre le développement d'une dimension autoévaluative. L'orientation positive est préférée. L'accent est porté sur la clarté des annotations et le partage des critères. Il s'agit aussi de mettre en place un travail sérieux sur l'erreur et la prise de risques. Je développerai cette question dans le chapitre suivant.

SOUS-SECTION **16**

Construire les conditions d'un travail d'équipe

67 **La conception de l'enseignement est nécessairement modifiée.** Ce n'est plus un travail strictement individuel mais un travail d'équipe et/ou de réseau (y compris avec les parents, les élèves, les intervenants ponctuels, les contacts extérieurs).

68 **Construire un projet d'équipe.** Il s'agit ici d'une solidarité fondée sur des principes (et non sur des personnes), sur un projet à réactualiser régulièrement. La construction d'un tel projet, véritablement élaboré collectivement, engage la solidarité de l'équipe et permet que tous les enseignants fonctionnent autour des mêmes principes, dans les classes et dans l'école. Ce projet est important en ce qu'il transforme l'existence administrative, institutionnelle de l'école telle qu'elle est imposée en existence appropriée par les acteurs et en ce qu'il permet une centration sur l'école autant que sur la classe. Cela participe aussi de la clarté et du sentiment de justice chez les élèves. Cette solidarité d'équipe apparaît en tout cas comme un gage d'efficacité dans toutes les études concernant la lutte contre l'échec et la violence.

69 **Se coformer.** De surcroît, ce travail collégial offre des possibilités pour améliorer ses compétences d'enseignant. En effet, la conception d'un enseignement figé est remplacée par celle d'une autoformation, et d'une coformation constante, notamment pour ouvrir son « outillage » professionnel : situations, « configurations disciplinaires »[1] possibles pour chaque discipline en fonction des élèves, etc. Cela permet l'approfondissement

de la réflexion, la confrontation de points de vue, le partage des outils et des pratiques, le soutien mutuel, etc.

1. Les « configurations disciplinaires » désignent les multiples modes d'actualisation possibles des disciplines selon les moments historiques, les pays, les filières, les niveaux, les pédagogies, etc. (Reuter Y. [dir.], *Dictionnaire des concepts fondamentaux des didactiques, op. cit.*).

70 **Des dispositifs de travail.** Cela suppose donc, ici aussi, des dispositifs *ad hoc* notamment des réunions régulières et conséquentes associant l'ensemble des membres de l'équipe, indépendamment des injonctions institutionnelles. De fait, dans les établissements que j'ai pu suivre, ces réunions, au moins hebdomadaires, duraient plusieurs heures. Au lieu des sentiments de contrainte et de fatigue qui prévalent dans nombre d'établissements « ordinaires », ces réunions étaient plutôt vécues comme des moments enrichissants sur le plan de la formation et facilitateurs quant au travail collectif et individuel.

SOUS-SECTION **17**

Construire l'enseignement comme une multiplicité de rôles en tension

71 **Les rôles de l'enseignant.** Dans le cadre tracé, l'enseignant fonctionne d'une tout autre manière que dans les formes pédagogiques classiques. Et, s'il n'est pas toujours au centre, matériel et symbolique, des situations de travail, son rôle demeure fondamental.

72 **L'enseignant comme adjuvant.** Il se conçoit comme un aide, puisque c'est l'enfant, et lui seul, qui apprend au travers de ses activités. Cette fonction d'adjuvant se décline de multiples manières : par la construction et la gestion des dispositifs, par l'accueil des demandes des élèves, par des renvois individualisés[1], par l'attention portée aussi bien aux cheminements collectifs qu'aux parcours de chacun, par la stimulation et l'étayage des prises de parole individuelles et des échanges collectifs[2]. En fait, le maître se caractérise par une quête obstinée de ce qui pourrait aider chacun sans se substituer à son cheminement. Il s'agit donc, pour l'enseignant, de susciter les questions, en s'appuyant sur le désir de savoir et de comprendre, supposé partagé par tout enfant, ainsi que sur les dispositifs construits pour éveiller, stimuler, entretenir et approfondir ce désir. Par exemple, comme je l'ai déjà signalé, à partir des « Quoi de neuf ? », les élèves peuvent s'engager dans des recherches ou des préparations de conférences qui pourront être relancées vers des approfondissements lors des phases de socialisation *via* des renvois et des interrogations des maîtres et/ou des pairs.

1. Recherche de documents ou d'écrits qui peuvent faire *écho* aux textes ou aider tel élève dans sa recherche...
2. Loin du schéma classique de la communication scolaire : question, réponse brève, évaluation.

73 L'enseignant comme concepteur de dispositifs. La part du maître se réalise encore au travers la mise en place des dispositifs et de leur gestion. S'il s'agit là d'un point souligné par tous ceux qui se sont penchés sur les pédagogies différentes, cela appelle cependant une précision indispensable. En effet, s'il existe bien un héritage des dispositifs, ceux-ci gagnent néanmoins à être soumis à une réappropriation constante.

74 L'enseignant comme garant. Une part déterminante du travail du maître réside aussi dans son rôle de garant des apprentissages, de la sécurité, des dispositifs, des règles élaborées collectivement, etc. Ce rôle de garant est souvent lui-même contrôlé de diverses manières : par les conseils (de classe et d'école), par les discussions avec les pairs et le conseil des maîtres, par les principes auxquels il souscrit (et qu'il rediscute au sein d'un mouvement lorsqu'il y est affilié), par sa constante autoformation, par la coformation, etc.

Deux images peuvent peut-être caractériser ce mode de fonctionnement de l'enseignant : celle d'un homme-orchestre en fonction de la multiplicité des rôles à assumer et celle d'un équilibriste en fonction des tensions à gérer. J'y reviendrai.

SOUS-SECTION **18**

Construire une communauté éducative

75 Fédérer les énergies. De façon complémentaire, la construction d'une communauté éducative (incluant les divers partenaires « non enseignants » et « non élèves » : parents, personnel, quartier, etc.) est considérée comme un principe favorisant enseignements et apprentissages dans la mesure où cela permet de fédérer les énergies et d'éviter un certain nombre de dissonances. Il s'agit de transformer les autres acteurs en alliés, en adjoints d'enseignement, en parents d'élèves[1], etc.

Cela nécessite des dispositifs et pratiques variables selon les conceptions qu'on a de la coéducation. Il y a là une gamme assez large de pratiques attestées : des moments institués pour la présentation du travail des élèves aux parents, l'accueil plus ou moins long et plus ou moins personnalisé à l'entrée de l'école et/ou dans la classe, des lieux d'échanges dans l'école, des invitations des parents en début d'année afin de lier connaissance sans attendre qu'ils soient convoqués pour d'éventuels problèmes, le souci de les informer le plus régulièrement et le plus clairement possible, l'ouverture la plus large possible des conseils d'école, la prise en compte des représentations, la diversité des modes d'implication possibles[2], les collaborations dans la gouvernance et les projets, etc.

1. Et, pas seulement, en parents de son enfant.
2. Conférences, ateliers animés par des parents ou coanimés avec eux, événements construits en commun, etc.

SOUS-SECTION **19**

Construire autrement les contenus à apprendre

76 Favoriser une meilleure appropriation des contenus. Un enjeu fondamental de la mise en œuvre de tous ces principes est de favoriser une meilleure appropriation des contenus à apprendre : savoirs, savoir-faire, valeurs, attitudes, etc. Ces principes sont ainsi pensés pour permettre l'instauration de rapports facilitants à ces contenus, qui sont construits de manière différente de celle dont ils fonctionnent dans les pratiques pédagogiques classiques.

77 Plusieurs traits permettent de préciser certaines de ces différences. Élaborés au sein d'interactions, ils ne sont pas des lieux de concurrence entre élèves ou de risques pour eux. Ils sont aussi considérés comme provisoires en raison de démarches souvent plus spiralaires que cumulatives : les contenus ne sont pas à acquérir définitivement à un moment donné mais ils sont constamment revisités en fonction des recherches et projets menés. Ils sont fonctionnalisés, d'une part, par les démarches et les fonctionnements pédagogiques (recherches, projets, conseils, etc.) qui nécessitent leur maîtrise et, d'autre part, par leurs intérêts et leurs usages, individuels et collectifs, appréhendables dans le temps des apprentissages (et pas seulement dans un avenir aussi lointain que vague). Ainsi, lire et écrire permettent d'intégrer pleinement la communauté scolaire, de tenir de multiples rôles et responsabilités et de mener à bien ses recherches et projets. Leur apprentissage ne relève donc pas simplement de techniques, comme c'est encore pensé dans nombre de débats, mais participe d'une *acculturation* dont il importe de mettre les conditions en place[1].

1. Privat J.-M. et Reuter Y. (dir.), *Lectures et médiations culturelles*, actes du colloque de Villeurbanne, mars 1990, 1991, Villeurbanne, Maison du livre de l'image et du son, diffusion PU Lyon ; Privat J.-M. et Vinson M.-C., « Habitus vertical et habitus lectural », art. cit. ; Reuter Y., « Lire : une pratique socio-culturelle », *Pratiques* 1986, n° 52, « Pratiques de lecture », p. 64-82.

SECTION **4**

Des déplacements pédagogiques essentiels : dénaturaliser, relier, gérer les tensions

78 Trois idées essentielles. Je souhaite maintenant revenir sur les déplacements pédagogiques que les principes fondamentaux et d'action supposent. Ils sont synthétisables autour de trois idées essentielles, qu'on retrouve incessamment à l'œuvre dans les pratiques.

79 **Dénaturaliser.** La première idée est celle de la dénaturalisation : ne pas accepter comme des évidences ce qui est « pré-posé » mais l'interroger et le repenser. Il s'agit de transformer des conditions socioscolaires initiales pour construire des conditions d'apprentissages. Dénaturaliser l'école, les groupes constitués administrativement tels les classes, l'enseignement, les apprentissages, etc. Cela implique en outre que l'école elle-même, en tant que communauté, soit constamment à réinstituer au travers de multiples mécanismes, parmi lesquels figurent, entre autres, un véritable projet pédagogique, élaboré collectivement, charte et garant du travail mis en œuvre, la cooptation des nouveaux membres, des conseils (de classe, d'école, de maîtres, etc.) multiples, fréquents et véritablement fonctionnalisés. Et, de même, les groupes (classes ou autres), l'enseignement, les dispositifs, les apprenants, etc., sont constamment à réinstituer loin de l'illusion qui consisterait à penser que ce qui est posé est acquis.

80 **Relier.** La deuxième idée est celle des liens à tisser. Il s'agit de relier. Relier les acteurs entre eux, relier leur existence scolaire et leur existence extrascolaire, relier les acteurs et les contenus d'apprentissages, relier les espaces et les temporalités. Il s'agit, en conséquence, d'intégrer plutôt que d'exclure.

81 **Gérer les tensions.** La troisième idée est celle de la gestion des tensions qui ne cessent d'exister : entre avancée collective et cheminements individuels, entre exigence et bienveillance, entre règles scolaires et désirs autres, etc. J'avais ainsi précisé cela en ce qui concerne l'enseignement avec l'image de l'équilibriste, évoquée précédemment, pour rendre compte de la perpétuelle gestion des tensions qui incombe au maître : entre établissement de cadres stables et ouverture à l'imprévu, entre respect du besoin de mouvement des élèves et construction des conditions de l'étude et de la civilité, entre engagement dans l'action et construction d'une distance réflexive, entre respect et attention aux questionnements et aux apprentissages individuels des élèves et attachement à des apprentissages collectifs, entre guidage et construction de l'autonomie, entre étayage et desétayage, entre reconnaissance des sujets dans leur singularité et construction d'une collectivité de travail, etc. Tensions aussi pour concilier les acquis nécessaires et imposés (programmes) et les projets construits, tensions entre les rôles de coacteur et de garant. Tensions encore entre sentiment d'impuissance parce qu'on ne peut changer la vie et le milieu des enfants et capacité d'action puisqu'on peut la changer de manière significative en modifiant leur vécu scolaire.

CHAPITRE 2

L'évaluation : éléments de rupture et de vigilance

82 **Les variations de l'évaluation selon les pédagogies.** Dans le chapitre précédent, j'ai distingué trois dimensions qui composent les pédagogies différentes : principes fondamentaux, principes d'action et pratiques. La question de l'évaluation va me permettre de préciser encore – en grossissant le trait et donc au risque de la caricature – les différences entre les principes et pratiques mis en œuvre dans les formes pédagogiques classiques et ceux instaurés dans les formes pédagogiques différentes et en quoi il convient d'être vigilant quant aux intérêts et aux limites des pratiques alternatives.

SECTION 1

Les pratiques évaluatives « classiques »

83 **Les fonctionnements des pratiques évaluatives « classiques ».** Comment fonctionnent les pratiques évaluatives « classiques » ? Quels sont les problèmes qu'elles soulèvent mais aussi les intérêts susceptibles d'expliquer leur maintien ?

SOUS-SECTION 1

Modalités évaluatives et représentations associées

84 **Les fonctions principales des évaluations classiques.** Dans les pratiques évaluatives classiques, les fonctions privilégiées sont essentiellement des fonctions « institutionnelles » : bilan (vérifier les acquis et les manques), classement (comparer, hiérarchiser les élèves), certification, orientation, voire

contrainte. Dans ce dernier cas, l'idée est que la menace évaluative peut, au moins chez certains élèves, se substituer efficacement à la motivation vacillante ou absente pour les contraindre à travailler. Cela explique les « interrogations-surprises » ou la fréquence des interrogations en début de cours[1], ainsi que les punitions lorsque les évaluations ne sont pas réussies. Cela peut s'articuler à une fonction de répression, par exemple, en cas de bruit, lorsque pour obtenir le silence l'enseignant décide d'imposer aux élèves une dictée ou des exercices écrits. L'évaluation a encore une fonction de construction de l'image de l'enseignant : le « bon » professeur compétent serait celui qui évaluerait fréquemment, en notant sévèrement car il manifesterait ainsi son exigence à la différence d'enseignants laxistes[2].

1. Interrogations collectives ou individuelles sans qu'on sache sur qui « cela va tomber » créent cette contrainte sous forme de menace collective.

2. Voir les travaux d'André Antibi (*La constante macabre ou comment a-t-on découragé des générations d'élèves*, 2003, Toulouse, Math'Adore) sur ce qu'il appelle la « constante macabre » ou la nécessité d'avoir un certain nombre de notes basses.

85 **Les modalités évaluatives.** C'est essentiellement l'enseignant qui évalue car c'est considéré dans ce cadre comme un attribut de son statut, de son pouvoir et de son savoir. Ses postures principales sont celles de juge et de contrôleur[1]. Il évalue chaque élève au travers de ses productions ou de ses comportements. Ces évaluations, censées porter sur des savoirs ou des savoir-faire à acquérir, portent en réalité sur des manières de les mettre en œuvre selon les modalités exigées par l'enseignant.

La temporalité est imposée par le maître ou par l'institution. Elle est généralement collective, s'effectuant soit avant le processus d'apprentissage[2], soit après[3], en guise de clôture institutionnelle. Dans tous ces cas, elle est située en dehors du processus d'apprentissage (on parle d'ailleurs parfois de « moment de vérité »). Sa fréquence est souvent importante (ici aussi comme marque de sérieux).

La spatialité est marquée par deux caractéristiques : un lieu commun à tous (celui de la salle de classe habituelle ou un autre lieu dédié aux examens) et des séparations entre les élèves. Il s'agit d'empêcher l'entraide ou pire de copier. Dans certaines classes d'ailleurs, on peut encore voir des élèves cacher leur feuille avec leur bras. On est là en face d'une situation exemplaire de compétition (chacun pour soi) et d'un risque de délinquance scolaire, dans la mesure où les infractions sont sanctionnables. On essaie de les prévenir par des avertissements solennels au début et une surveillance accrue tout au long de l'« épreuve ».

Les modalités de ces pratiques évaluatives sont caractérisées par l'imposition aux élèves, en dehors des logiques d'apprentissages, quasiment toujours en dehors de leurs demandes. Maîtrisées par le maître, elles sont souvent opaques aux yeux des élèves, voire de leurs parents. Elles sont collectives, uniformes et non individualisées : les consignes et le barème sont les mêmes pour tous.

Les formes sont peu diversifiées, liées à la tradition ou à la facilitation du travail de l'enseignant (récitation à l'oral, exercices à trous, dictées, etc.). La pensée convergente est privilégiée. La relation à la notation est fondamentale. Les annotations sont rarement explicatives et leur orientation est à dominante négative[4] : le correcteur recherche et annote essentiellement ce qui ne va pas, il retire des points et l'erreur est sanctionnée[5] sur une base binaire (c'est juste ou faux, bon ou mauvais). Dans nombre de cas, le cérémonial de remise des copies décuple le stress de la passation avec une mise en scène publique : valorisation de certains et stigmatisation d'autres.

1. Jorro A., *L'enseignant et l'évaluation. Des gestes évaluatifs en question*, 2000, Bruxelles, De Boeck.

2. Elle est alors diagnostique, voire pronostique, testant prérequis et manques.

3. Immédiatement en conclusion d'une séquence d'enseignement ou en fin de période trimestrielle.

4. Cela peut même aller jusqu'à des notes négatives.

5. Halté J.-F., « L'annotation des copies, variété ou base du dialogue pédagogique », *Pratiques* déc. 1984, n° 44, « L'évaluation », p. 61-69 ; Reuter Y., *Enseigner et apprendre à écrire. Construire une didactique de l'écriture*, 1996, Paris, ESF.

86 **Les représentations associées aux évaluations classiques.** Ces pratiques sont accompagnées de représentations prégnantes qui les justifient aux yeux de ceux qui les pratiquent, voire de ceux qui les subissent. L'élève est ainsi appréhendé comme un potentiel délinquant scolaire : c'est un sujet à surveiller et à corriger. Les problèmes relevés dans les évaluations sont uniquement considérés comme les problèmes des élèves (niveau faible, manque de travail, etc.) et non comme des problèmes tributaires de l'enseignement. Les contenus ne sont que peu interrogés : ils sont perçus comme assurés et censés mettre les élèves sur un pied d'égalité. Les évaluations et leurs formes sont, elles aussi, considérées comme relativement fiables et objectives.

SOUS-SECTION **2**

De nombreuses critiques possibles

87 **Des évaluations peu favorables aux apprentissages.** De nombreuses critiques ont été portées depuis longtemps à ces pratiques. Elles sont chronophages par rapport au temps consacré aux apprentissages. Leur caractère externe au procès d'apprentissage ne peut guère contribuer à le favoriser. D'ailleurs, ce qui y est acquis disparaît souvent très vite[1]. On sait aussi depuis longtemps qu'elles sont imprécises et injustes[2], qu'elles sont des facteurs d'anxiété et peuvent porter atteinte à l'estime de soi en raison de leur dimension stigmatisante[3].

1. Voir ce qui disparaît chez les élèves quelques semaines à peine après le baccalauréat.

2. Pour une synthèse récente : Merle P., *Les pratiques d'évaluation scolaire. Historique, difficultés, perspectives*, 2018, Paris, PUF ?

3. Ce qui n'est pas le facteur le plus favorable pour les apprentissages.

88 **Le « malentendu communicationnel ».** Il existe aussi des glissements entre les jugements portés sur les productions et sur les élèves (voir certaines annotations en marge : « stupide », « nul », etc.) ou entre les contenus et les comportements (y compris les comportements graphiques : tenue du cahier, soin, etc.). Les annotations peu explicatives et parfois peu compréhensibles peuvent engendrer un désintérêt des élèves, marqué, par exemple, par le seul souci de la note et l'insertion rapide de la copie dans le cartable. Cela d'autant plus que la relation à la notation est fondamentale institutionnellement et qu'évaluation et notation sont souvent confondues par maîtres, élèves et parents. L'opacité engendre aussi de fréquents sentiments d'injustice manifestés par les commentaires des élèves qui sont loin d'être insignifiants : « noter à la tête du client », « lancer les copies sur les marches de l'escalier », « de toute façon, j'aurai toujours la même note », etc. En outre, le produit final occulte la démarche de production, le résultat occulte le chemin qui y a mené. Les malentendus n'y sont pas rares : ainsi certains, à la suite de Jean-François Halté[1], ont employé l'expression « malentendu communicationnel » pour désigner la distorsion entre la demande de l'enseignant en rédaction et sa réponse : en effet, la consigne porte sur des contenus, liés au vécu des élèves ou à leur imagination, à rédiger sous forme de *texte* et la réponse du professeur, *via* ses annotations et sa notation, porte sur des unités infratextuelles, orthographiques ou lexicales, et non sur les contenus et sur l'ensemble du texte. Il existe aussi des confusions entre les contenus censés être évalués (savoirs, savoir-faire, etc.) et leur mise en forme dans les modalités demandées, un fréquent manque d'interrogation sur les écarts entre absence de connaissance et non-actualisation des connaissances (due aux incompréhensions possibles de la consigne, au stress, à la fatigue, etc.) ainsi qu'un manque de distance critique quant à la fiabilité des évaluations et aux effets différenciateurs des situations évaluatives et des contenus qui ne sont pas également partagés par les élèves.

1. Halté J.-F., « Pour changer l'écrire », *Pratiques* mars 1981, n° 29, « La rédaction ? », p. 23-46 ; Halté J.-F., « L'annotation des copies, variété ou base du dialogue pédagogique », art. cit. ; Halté J.-F., « Les conditions de production de l'écrit scolaire », *in* Chiss J.-L., Laurent J.-P., Meyer J.-C, Romian H. et Schneuwly B. (dir.), *Apprendre/Enseigner à produire des textes écrits*, 1987, Bruxelles, De Boeck-Wesmael, p. 35-44.

89 **L'apparition de mécanismes problématiques.** En outre, exacerbant la compétition, ces pratiques engendrent des mécanismes problématiques : tricher, travailler pour la note, répondre de manière ambiguë en espérant que le professeur choisira la solution la moins dommageable… On peut en tout cas penser que ces modalités contribuent à formater les élèves, en tant qu'exécutants plus qu'en tant que critiques.

90 **La mise au jour de certaines limites de l'enseignement classique.** Ces pratiques mettent aussi au jour les faiblesses du système traditionnel : si la peur de la tricherie entre élèves est telle, c'est que, dans ce système, on peut « réussir », c'est-à-dire en l'occurrence obtenir de bonnes notes,

sans avoir appris quoi que ce soit, sans maîtriser les savoirs demandés. Et, de fait, elles ne contribuent que peu à améliorer les pratiques d'enseignement.

SOUS-SECTION **3**

Mais des pratiques qui perdurent

91 **Pourquoi ?** Il n'en demeure pas moins que ces pratiques perdurent. Il n'est peut-être pas inutile d'essayer d'en comprendre les raisons, outre leur adéquation aux demandes institutionnelles qu'elles facilitent (délivrance de mentions, orientation, etc.) et aux pratiques d'enseignement classiques.

Elles sont ainsi sécurisantes pour un certain nombre d'enseignants, d'élèves, de familles qui les connaissent bien et peuvent trouver facilement et régulièrement certaines informations qu'ils recherchent (c'est réussi ou non ; il y a progrès ou non).

Elles sont relativement faciles à manier : elles peuvent grandement alléger le travail de l'enseignant. C'est, par exemple, le cas avec les dictées, les récitations, les exercices de grammaire traditionnels, les QCM, etc. Elles constituent aussi un outil, voire une arme entre les mains de l'enseignant pour gérer la relation pédagogique : le maître peut s'en servir pour asseoir son pouvoir et contraindre les élèves à faire plus d'efforts ou pour paraître « sympa ».

Elles stimulent la compétition et constituent ainsi, selon un certain nombre d'acteurs sociaux, de bons outils pour préparer aux examens et aux concours. Elles sont, de surcroît, gratifiantes pour ceux qui réussissent. Elles facilitent encore les comparaisons nationales et internationales : entre élèves, entre classes, entre établissements.

Autant de bénéfices dont on peut discuter mais dont il faut sans doute tenir compte si on souhaite avancer d'autres propositions.

SECTION **2**

Des pratiques évaluatives « différentes »

92 **Modalités représentations et limites des pratiques alternatives différentes.** Qu'en est-il des modalités et représentations des pratiques « alternatives » et des problèmes qui leur sont attachés ?

SOUS-SECTION **1**

Modalités évaluatives et représentations associées

93 **Les fonctions principales des pratiques évaluatives alternatives.** Les pratiques évaluatives alternatives ne portent pas l'accent sur les mêmes fonctions. Elles privilégient l'aide, l'étayage des apprentissages (*via* la clarification des demandes, les encouragements, etc.), voire la participation aux apprentissages. En effet, dans cette perspective, le développement de la capacité à s'autoévaluer est capital. Les compétences sont considérées, indissociablement, comme des capacités à faire et à analyser ce faire. Ces pratiques évaluatives privilégient aussi l'aide à l'amélioration de l'enseignement au travers des leçons à tirer des problèmes rencontrés par les élèves.

94 **Des modalités évaluatives diversifiées.** Ce n'est pas toujours le maître qui évalue. La diversité et le croisement des sources d'évaluation sont recherchés : le maître (autonome ou comme membre de la communauté de travail constituée par la classe), l'élève lui-même, les autres élèves, d'autres acteurs sociaux dans le cadre des projets, etc. La posture adoptée par le maître (et sollicitée chez les autres acteurs) est celle d'un aide, d'un conseiller, d'un consultant, parmi d'autres (et non d'un juge isolé et tout-puissant). Et c'est non seulement l'élève mais aussi les groupes, la classe comme collectif de travail et le maître qui peuvent être évalués.

De façon complémentaire, la diversification concerne ce qui fait l'objet des évaluations : produits et résultats mais aussi démarches, travail accompli, cheminement, progrès, savoirs mais aussi savoir-faire et savoir-être.

La dimension de la temporalité ne se réduit pas à ce qui est antérieur ou ultérieur au temps de l'apprentissage mais inclut aussi le temps de son déroulement avec la sollicitation de mécanismes d'analyse constants : discussion sur les ébauches, les avancées ou les problèmes, interactions avec le maître ou les pairs, etc., avec des possibilités de moments collectifs ou individuels. La dimension de la spatialité laisse aussi place à la diversification : places habituelles ou non, individualisation possible, absence de séparation instituée entre les élèves car la compétition n'y est pas prônée.

La coopération et l'entraide sont de mise ainsi que la confiance envers les élèves. Le défi envers soi-même est préféré à la compétition avec, ou plutôt contre les autres. Le moment de l'évaluation n'est pas toujours imposé par le maître : il peut être demandé par l'élève quand il se sent prêt (voir le système des brevets). Dans ce cadre, les interrogations-surprises n'ont pas de sens et l'enseignant peut indiquer aux élèves ce sur quoi ils vont être interrogés bien à l'avance, l'essentiel étant qu'ils puissent acquérir les connaissances demandées. La diversité est aussi plus grande : exercices, portfolios, situations-problèmes, questionnaires, entretiens, projets, écriture longue, spectacles, etc. et la pensée divergente, créatrice, a toute sa place. Les modalités évaluatives sont complémentairement mieux connues et maîtrisées par les élèves (d'une certaine manière, du pouvoir leur est ainsi rendu) : grilles d'autoévaluation[1], coconstruction des critères[2], négociations et votes éventuels sur les critères, etc. Évaluation et notation ne sont pas confondues et les évaluations formelles incessantes sont remplacées par une attention constante des maîtres aux cheminements des élèves. Dans certains établissements, la longueur et la précision des documents qui font office de bulletins manifestent cette attention[3]. Cette évaluation est fondamentalement bienveillante (ce qui n'exclut aucunement, bien au contraire, la dimension critique) et explicative. Le cérémonial est aussi considérablement limité, au moins dans ses dimensions stigmatisantes puisque, si cérémonial il y a, cela doit contribuer aux apprentissages et qu'il s'agit de remplacer stress et stigmatisation par la construction d'une motivation interne.

1. Groupe EVA, *Évaluer les écrits à l'école primaire*, 1991, Paris, Hachette ; Groupe EVA, *De l'évaluation à la réécriture*, 1996, Paris, Hachette.

2. Bonniol J.-J., « Influence de l'explicitation des critères utilisés sur le fonctionnement des mécanismes d'évaluation d'une production scolaire », *Bulletin de psychologie* 1981, t. XXXV, n° 353, p. 173-186.

3. Je pense, par exemple, ici à ce qui se pratique dans l'école Decroly de Saint-Mandé.

95 **Des principes différents.** Un certain nombre de principes accompagnent les pratiques évaluatives. L'élève est considéré non comme un être à redresser et à sanctionner mais comme un être en développement sur la base de ses connaissances (il n'est donc pas perçu comme une tête vide) et de ses pratiques qui peuvent constituer des aides et non des gênes. L'enseignement est considéré comme un accompagnement de parcours d'apprentissages en partie communs, en partie diversifiés (ce qui exclut des évaluations totalement uniformisées). L'enseignement est lui-même considéré comme améliorable grâce aux élèves et, au moins en partie, aux mains du collectif et de chaque élève. Il ne relève donc pas de la toute-puissance de l'enseignant. Ce dernier est vu plutôt comme un garant, sécurisant les apprentissages, les facilitant, et non comme un conférencier-juge. Les apprentissages sont appréhendés comme des processus non linéaires, comportant des avancées mais aussi des stagnations, voire des régressions, ce qui implique d'en tenir compte lors des évaluations. Ils sont encore considérés comme des processus impliquant des prises de risques, ce qui nécessite de concevoir des évaluations telles qu'elles ne sanctionnent pas ces prises de risques et n'encouragent pas la seule reproduction de ce que chacun sait faire.

Dans ce cadre, les contenus scolaires peuvent être interrogés, par exemple, en ce qu'ils peuvent générer des inégalités *via* les implicites ou les valeurs qu'ils véhiculent. L'évaluation elle-même doit être pertinente par rapport aux apprentissages (plutôt qu'objective et « scientifique ») et constituer une aide intégrée plutôt qu'une sanction externe au travail d'apprentissage.

SOUS-SECTION **2**

Intérêts et problèmes

96 **Quelques intérêts possibles.** Ces pratiques alternatives d'évaluation comportent de nombreux aspects intéressants, notamment quant aux effets produits : absence de tricheries et de nécessité de cacher ses erreurs. Meilleure articulation aux apprentissages et clarté cognitive développée pour chacun avec notamment le développement de compétences d'autoévaluation et, par voie de conséquence, une meilleure base de dialogue entre professeur et élèves et ainsi qu'avec les parents. Du pouvoir est rendu aux élèves et tout cela génère un meilleur climat de classe, une meilleure cohésion du groupe-classe (avec moins de compétition et plus de coopération possible), une plus grande bienveillance, moins de stress, ce qui peut permettre de mieux actualiser ses connaissances et de prendre plus de risques pour explorer ce qu'on ne sait pas encore bien faire. Cela peut encore ouvrir des pistes pour améliorer l'enseignement et d'autres pistes de travail avec les élèves, par exemple, en réfléchissant avec eux sur les négociations nécessaires entre évaluations internes au collectif de travail et évaluation réclamée par l'institution[1].

1. Voir mon travail sur des projets interdisciplinaires français-dessin et la réflexion nécessaire pour concilier évaluation interne à la classe en fonction des démarches instaurées et nécessité de « rendre des notes » à l'institution (Reuter Y., « Les transformations de l'évaluation dans un travail interdisciplinaire », *Pratiques* 1984, n° 44, « L'évaluation », p. 90-100).

97 **Mais quelques problèmes.** Il n'en demeure pas moins vrai que ces pratiques n'engendrent pas mécaniquement des effets positifs et n'évitent pas un certain nombre de problèmes auxquels il importe de réfléchir afin d'éviter les dérives. Ainsi, la moins grande congruence avec les demandes institutionnelles implique de réfléchir aux solutions de compromis afin de ne pas gêner certains fonctionnements institutionnels ou de ne pas faire prendre trop de risques aux enseignants qui innovent. Ces pratiques évaluatives sont aussi, du moins au début, plus insécurisantes pour les maîtres, les élèves et les parents, habitués à des formes et des repères plus classiques.

Elles préparent peut-être moins bien aux évaluations institutionnelles et aux concours, du moins si on pense que la répétition est la meilleure des préparations, ce qui est discutable. Dans cette perspective, il est aussi exact que ces pratiques stimulent moins la compétition et rendent moins facilement lisibles les comparaisons entre élèves. Mais est-ce pertinent à tout moment du cursus ?

Une dernière critique possible serait que ces pratiques comportent le risque, à force de valoriser et de vouloir aider les élèves, à les surévaluer et, ce faisant, à moins les préparer au cursus ultérieur.

Tout cela mérite sans doute discussion, mais il importe, à mon sens, de le discuter et de ne pas occulter ces craintes et critiques afin de rendre ces pratiques plus efficaces car mieux appropriées par tous, notamment en tenant compte des représentations de chacun.

CHAPITRE 3

Les pédagogies différentes comme lieux de ressources : l'exemple de la coopération

98 **Les systèmes pédagogiques différents comme laboratoires.** Je vais maintenant étudier, au travers de la coopération qu'on retrouve dans la majeure partie des pédagogies différentes, comment des systèmes pédagogiques peuvent constituer des laboratoires et des lieux de ressources pour les innovations. J'en donnerai des exemples concrets en m'appuyant notamment sur les fonctionnements de l'école Vitruve que j'ai pu étudier précisément[1].

1. Ce chapitre reprend nombre d'éléments de mon rapport (Reuter Y., *L'école Vitruve : un laboratoire de l'expérimentation pédagogique*, *op. cit.*).

SECTION 1

Les modalités possibles de la coopération

99 **L'exemple de l'école de Vitruve.** La coopération est la base du fonctionnement de l'école Vitruve et du projet qui avait été déposé par l'équipe enseignante. Cet exemple est intéressant dans la mesure où il montre comment les pratiques coopératives peuvent concerner la quasi-totalité des relations entre acteurs : entre enseignants, entre enseignants et élèves, entre élèves, avec les parents, avec les autres intervenants. C'est donc un système que je me propose d'expliciter.

SOUS-SECTION **1**

La coopération entre les enseignants

100 **La coopération au cœur du fonctionnement de l'équipe.** La coopération est primordiale au sein du collectif enseignant qui fonctionne véritablement en équipe[1] : absence de hiérarchie, entre quatre et six heures de réunion hebdomadaire par semaine (sans compter les moments de préparation par binômes/par projets, etc.) avec un tableau de propositions[2] ouvert à tous pour préparer ces réunions[3], une remise en question constante, une coformation pratique, un changement de niveau chaque année, un coenseignement[4], une écriture collective d'articles et une préparation collégiale des ateliers dans des colloques exposant le travail effectué, etc. Il convient de remarquer que les nouveaux arrivés mentionnent que les modalités de la co-intervention facilitent leur intégration.

1. Sur le travail en équipe des enseignants et ses intérêts, par exemple : Corriveau L., Letor C., Périsset Bagnoud D. et Savoie-Zajc L. (dir.), *Travailler ensemble dans les établissements scolaires et de formation*, 2010, Bruxelles, De Boeck ; Gilbert A.-F., « Le travail collectif enseignant, entre informel et institué », *Dossier de veille de l'IFE* avr. 2018, n° 124.

2. Outre le traitement des questions de fonctionnement, la préparation des événements et l'analyse des problèmes et des cas particuliers, les questions pédagogiques ont largement leur place et sont discutées en tant que telles dans ces réunions : régulation des conflits, évaluation, participation des familles, etc.

3. Il existe aussi un roulement des rôles lors de ces réunions : animateur/médiateur, secrétaire, cuisinier, etc.

4. Ce coenseignement par niveau concerne la majeure partie des emplois du temps quotidiens.

101 **L'enseignant-coordinateur.** Cette coopération entre les enseignants comporte un dispositif fondamental, auquel l'équipe enseignante tient particulièrement : celui de l'enseignant-coordinateur[1]. Une des spécificités de l'école Vitruve consiste en effet en l'absence d'un directeur auquel est substitué un coordinateur ou une coordinatrice. Ce fonctionnement, atypique dans le primaire, ne l'est pas dans les établissements alternatifs du secondaire (voir le cas d'un certain nombre d'établissements de la FESPI). Cela ne nécessite, en l'occurrence, pas de poste supplémentaire[2] et les tâches dévolues au directeur sont assumées de façon tout à fait normale par le coordinateur et/ou par le reste de l'équipe. Ce dispositif, qui s'est mis en place à la fin des années 1960, est revendiqué comme constitutif de l'identité de l'équipe enseignante et, de fait, cette coordination tournante est un pivot des pratiques coopératives.

1. Cette dimension, actée dans la convention précédente, était mise en interrogation par l'institution mais elle a finalement été reconduite dans la nouvelle convention signée en 2020.

2. Il existe un poste d'enseignant en plus dans les écoles de Paris.

102 **Des intérêts symboliques.** Ce mode de fonctionnement présente des intérêts symboliques. Il répond au principe d'isomorphisme cher à nombre de tenants des pédagogies alternatives, principe qui consiste à mettre en cohérence les fonctionnements des élèves et ceux des enseignants.

Il répond aussi à la volonté de démocratie et d'égalité entre les membres de l'équipe pédagogique : le coordinateur est un délégué et non un supérieur qui serait nommé par une autorité extérieure à l'équipe. Il est ainsi le porte-parole de l'équipe et participe de la cogestion où toutes les décisions sont censées être communes. Il s'agit donc fondamentalement d'un « outil du collectif » : l'équipe se gère collectivement et le coordinateur demeure un membre de l'équipe. Cela vise donc à éviter des relations de pouvoir, ce qui est important pour un travail collégial.

103 **Des intérêts fonctionnels.** Cette spécificité présente aussi de multiples intérêts fonctionnels. Elle contribue à la cohérence du système pédagogique mis en place : le roulement sur le poste de coordination entraîne le roulement des maîtres sur des niveaux différents du cursus, empêchant ainsi spécialisation et appropriation d'une classe (en tant que lieu et en tant que groupe), favorisant l'interconnaissance des enseignants ainsi qu'une organisation de l'équipe enseignante mieux informée que celle où chaque enseignant se spécialise sur une classe ou un niveau. Ce faisant, elle permet une meilleure appropriation des exigences de chaque niveau, ce qui est d'autant plus important dans le cas d'une progression spiralaire telle qu'elle est instaurée dans des établissements pratiquant des pédagogies différentes.

Cette coordination facilite une gestion collective quotidienne. Ainsi, certaines tâches, habituellement exercées par le directeur, sont réparties entre les membres de l'équipe : suivi des inscriptions, de la facturation de la cantine, de l'étude, des ateliers, du budget des classes vertes, des demandes de subventions, des responsabilités « enfants » concernant l'ensemble de l'école[1], des activités menées avec les familles, des relations avec les organismes extérieurs et de la participation aux événements et rencontres, etc.

Il est à noter que cette répartition des tâches libère du temps que le coordinateur peut réinvestir en temps pédagogique auprès des élèves. Il peut ainsi jouer le rôle d'un enseignant complémentaire et intervenir devant les élèves pour une partie de son temps : soit sur des séances fixes et régulières (ateliers de besoin, séances de régulation de conflits, séances de travail avec les enfants coordinateurs, régulation du conseil d'enfants hebdomadaire, etc.), soit de manière ponctuelle (accompagnement d'un groupe en classes vertes, remplacement d'un enseignant absent, prise en charge de petits groupes sur des besoins particuliers, accompagnement d'une sortie culturelle, etc.). Cela procure ainsi un surcroît de souplesse organisationnelle.

Cette coordination évite encore la solitude et garantit l'aide des collègues, appréciable en cas d'urgence ou pour des demandes qui excèdent certaines compétences du coordinateur. Elle participe de la circulation des informations d'année en année, facilite une vision globale du parcours des élèves et permet un traitement collectif des problèmes posés par tel ou tel élève. Cela permet d'analyser de manière plus informée les questions pédagogiques et est aussi plus proche de l'esprit des cycles et des référentiels de compétences.

Le coordinateur se construit encore d'autres compétences professionnelles (administration, gestion de réunions, animation, communication, négociations institutionnelles, etc.), une vision plus informée des questions administratives et de la gestion de l'école ainsi qu'un recul sur sa pratique et une vision différente des problèmes quand il retourne dans sa classe. Cela contribue au développement professionnel. À tout cela, j'ajouterai que cela crée une véritable mobilité interne, limitant les sentiments de monotonie et d'enfermement et favorisant la remise en question ainsi que l'ouverture à d'autres pratiques. Cela n'est sans doute pas sans contribuer à l'intérêt pour le métier, à l'implication et à la stabilité de l'équipe. Autre élément non négligeable, cela peut constituer une « respiration sabbatique » bienvenue à certains moments de sa vie.

Les entretiens que j'ai pu mener montrent que tous les membres de l'équipe, quelle que soit leur ancienneté, apprécient ce fonctionnement et c'est aussi le cas pour les remplaçants, les intervenants non enseignants, le personnel de service, les élèves, les parents. Ces entretiens n'ont permis de relever aucun problème qui lui serait lié à condition d'éviter une prise de pouvoir qui serait facilitée par la reconduction d'un enseignant sur plus d'une année.

1. Ludothécaires, médiateurs, coopérateurs, contrôleurs de vitesse, journalistes, etc.

104 Une transition sans difficulté. Il convient enfin de remarquer que la transition s'effectue sans problème particulier. En effet, d'une part, les réunions d'équipe permettent de choisir le futur coordinateur parmi ceux qui n'ont pas assumé cette tâche récemment, qui ne sont pas des « primo-arrivants » et qui sont volontaires ou acceptent cette tâche. D'autre part, les réunions hebdomadaires, le partage des tâches, un « tuilage » instauré dès que le futur coordinateur est connu ainsi que la solidarité à l'œuvre pendant tout son mandat facilitent le passage de témoin.

Il serait en tout cas intéressant de se demander si cette rotation n'est pas un facteur de survie des établissements expérimentaux, autrement trop dépendants de telle ou telle personne[1].

1. Voir la fin de la dimension expérimentale de nombre d'établissements lors du départ de leur « responsable ».

SOUS-SECTION **2**

La coopération entre les enseignants et les élèves

105 L'enseignant comme aide. Les pratiques coopératives structurent les relations entre enseignants et élèves : l'enseignant fonctionne non comme une autorité toute-puissante mais comme un éclaireur, un garant, un organisateur, un aide, etc., cela même si les pratiques peuvent varier selon les dispositifs : il existe ainsi des ateliers de besoin afin de mieux accompagner des élèves qui rencontrent des problèmes.

106 **Bilans d'apprentissages.** Dans ce cadre, les bilans sont particulièrement intéressants, dans la mesure où ils distinguent soigneusement – ce qui est assez rare – ce qui a été fait et ce qui a été appris, dans la mesure aussi où il s'agit d'une construction coopérative, qui ne se réduit donc pas à un résumé dicté par le maître.

107 **Gouvernance négociée.** La gouvernance est aussi négociée au travers des conseils d'élèves. Il est à noter que des problèmes classiques dans nombre d'écoles mais souvent peu traités explicitement (au moins autrement que sous forme d'injonctions magistrales) le sont ici dans le cadre des conseils d'élèves avec explicitation du problème, argumentation, recherche de solutions, publicité donnée à ces solutions (*via* les affichages et les comptes rendus du conseil d'élèves dans les classes) : cela a pu être, par exemple, le cas avec la question du respect dû aux intervenants extérieurs dans la cour et l'accent porté sur le respect mutuel, la nécessité d'écouter les adultes et de bien différencier les rôles de chacun ainsi que sur la distinction entre « aimer » et « respecter ».

108 **Intégration des règles de fonctionnement.** Je noterai encore un phénomène rare dans d'autres établissements et qui témoigne de l'intégration des règles de fonctionnement et des mécanismes de coopération : ce sont les élèves eux-mêmes qui fournissent des explications aux remplaçants quant aux fonctionnements de l'école, lorsque ceux-ci ne les maîtrisent pas. Et j'ajouterai encore un autre élément assez peu fréquent : la coopération avec d'anciens élèves, notamment dans le cas des classes vertes, puisque l'un d'entre eux a ouvert un centre qui a déjà accueilli à plusieurs reprises des groupes de l'école et que d'autres participent à l'accompagnement de ces classes vertes.

SOUS-SECTION **3**

La coopération entre les élèves

109 **Coopération et apprentissages.** Les formes de coopération entre élèves sont, elles aussi, multiples. Elles concernent en premier lieu les apprentissages[1]. Aide, entraide et coopération sont constamment mises en œuvre. Cela s'actualise dans des collectifs spécifiques : les « groupes » qui réunissent des élèves de plusieurs classes de même niveau et les « dispositifs intergénérationnels » qui réunissent des élèves d'âges différents. Ainsi, par exemple, les élèves plus âgés peuvent aider les élèves plus jeunes à corriger

leur texte, à découvrir le calcul par cordes au Moyen Âge ou préparer des expositions ou des lectures ainsi que des questions les accompagnant. Les formes de coopération passent encore par les affichages dans l'école et dans les classes avec, par exemple, l'affichage des différentes solutions trouvées (notamment en mathématiques). Cette coopération participe aussi des apprentissages en permettant les répétitions d'un spectacle devant un autre groupe d'âge, avant sa réalisation publique. Il existe encore des parrainages entre élèves.

1. Sur cette question, par exemple : Baudrit A., « Apprentissage coopératif et entraide à l'école », *Revue française de pédagogie* 2005, n° 153, p. 121-149 ; Baudrit A., *Le tutorat, richesse d'une méthode pédagogique*, 2007, Bruxelles, De Boeck ; Connac S., *La coopération entre élèves*, 2017, Futuroscope, Éditions Canopé ; Connac S., *Enseigner sans exclure. La pédagogie du colibri*, 2017, Paris, ESF ; Marchive A., « L'entraide pédagogique entre élèves, les paradoxes de la Pédagogie Freinet », *in* Clanché P., Debarbieux E. et Testanière J.,La *pédagogie Freinet. Mises à jour et perspectives*, 1994, Bordeaux, PU Bordeaux, p. 343-351 ; Marchive A., « L'interaction de tutelle entre pairs, approche psychologique et usage didactique », *Psychologie et éducation* 1997, n° 30, AFPS, p. 29-43 ; Meirieu P., *Apprendre en groupe ?*, 1992, Lyon, Chronique sociale ; Meirieu P., *Itinéraire des pédagogies de groupe. Apprendre en groupe*, 1996, Lyon, Chronique sociale ; Reverdy C., « La coopération entre élèves : des recherches aux pratiques », *Dossier de veille de l'IFE* 2016, n° 114, Lyon, ENS de Lyon. Voir aussi des ouvrages, désormais classiques, qui éclairent, à partir de points de vue différents, les fonctionnements et les intérêts des interactions, entre autres : Bruner J., *Savoir faire. Savoir dire*, 1987, Paris, PUF ; Doise W. et Mugny G., *Le développement social de l'intelligence*, 1981, Paris, Interéditions ; Perret-Clermont A.-N., *La construction de l'intelligence dans l'interaction sociale*, 1979, Genève, Peter Lang ; Vygotski L. S., *Pensée et langage*, 1985 (1934), Paris, Éditions sociales.

110 **Coopération et gouvernance.** Ces formes de coopération portent sur le fonctionnement de l'école et la gouvernance. Une des pièces maîtresses en est le conseil d'école des enfants, hebdomadaire, qui est pris en charge par un groupe d'élèves, les coordinateurs. Le lundi matin, deux enfants coordinateurs vont dans les groupes solliciter des thèmes à mettre à l'ordre du jour. Le lundi après-midi, les coordinateurs retiennent un sujet et rédigent, avec l'aide du coordinateur adulte, une ou plusieurs questions. L'ordre du jour du conseil est rédigé et distribué à tous les groupes de l'école. Du mardi au jeudi, les groupes se réunissent et discutent du sujet proposé. Ils choisissent en outre deux représentants pour le conseil (ces représentants changent à chaque conseil). Le jeudi après-midi, pendant une heure, le conseil se réunit, animé par deux enfants coordinateurs, en présence du coordinateur adulte. Deux autres coordinateurs distribuent la parole et deux autres encore assurent le secrétariat de séance. Le vendredi matin, les coordinateurs, secrétaires de séance, rédigent le compte rendu du conseil avec l'aide du coordinateur adulte. Ce compte rendu est diffusé et lu dans tous les groupes, le vendredi en début d'après-midi.

Les responsables, choisis par les groupes d'enfants, exercent leur responsabilité sur un temps donné, en général sur une « période » entre les vacances. Les groupes s'appuient sur quatre dimensions qui font l'objet de discussions argumentées pour désigner les responsables :
- un corps électoral : tout le groupe, les anciens responsables, les adultes ;
- un corps d'enfants éligibles : tout le groupe, les volontaires, les enfants désignés par le groupe ;
- des critères définis par le groupe, les anciens responsables, les adultes ;

- un mode de scrutin : le vote (à bulletin secret ou à main levée), le tirage au sort, la discussion argumentée.

111 **Les responsabilités des coordinateurs.** Les coordinateurs assument des tâches variées et complexes notamment la gestion du conseil d'école des enfants, dont ils sont responsables : production de l'ordre du jour (choix du sujet parmi ceux proposés par les groupes, formulation, écriture sur une affiche, photocopies pour chaque groupe puis diffusion), régulation du conseil (écoute, prise de parole, questionnement, distribution de la parole, prises de notes, etc.), écriture du compte rendu (relecture des notes, saisie sur ordinateur, améliorations et corrections, photocopies pour chaque groupe puis diffusion). Ils sont encore responsables de la production des tableaux de roulement chaque vendredi pour la semaine suivante[1], de l'installation des stands chaque matin dans la grande salle commune pendant la récréation[2], de l'arrosage des plantations de l'école, de la gestion de la trousse à pharmacie, de la réalisation des affiches en fonction des besoins, de la mise à jour du mur où sont affichés les projets, de la gestion des informations liées aux classes vertes, du traitement des demandes d'argent des groupes souhaitant réaliser un projet, des rencontres avec des responsables de la mairie, de l'aide à la préparation des commandes de fournitures scolaires pour l'école et de certains événements[3], de l'accueil et de la présentation de l'école aux personnes extérieures, etc.

Il existe aussi des « métiers » d'école ou de classe : médiateurs, ludothécaires, coopérateurs, gestionnaires du café, contrôleurs de vitesse, contrôleurs du haut/du bas, portiers, placiers, ramasseurs, responsables des rangements, responsables du ménage, responsables des portes et des lumières, distributeurs, messagers, effaceurs, etc. Les responsabilités ont un référent enseignant (tournant lui aussi) et elles concernent tous les élèves. Ainsi, la coopération excède les apprentissages disciplinaires classiques et tend vers un apprentissage de l'autogestion et du vivre ensemble.

1. Tableaux de roulement des contrôleurs de vitesse, du flux de la cantine, etc.
2. Stands goûter, vêtements trouvés, café des adultes, bureau des médiateurs, atelier dessin, coin lecture, etc.
3. Braderie, semaine des projets, commandes de photos, etc.

112 **Coopération et gestion des conflits.** Ces formes de coopération portent encore sur la gestion des conflits. Ainsi le système de gestion des plaintes est particulièrement élaboré : médiateurs dans la cour (pourvus d'un gilet jaune), bureau des médiateurs, écriture du problème[1], gestion par un groupe élargi. Il est important de noter que les leviers dont se sert l'école Vitruve sont en congruence avec ceux qui ont été mis en lumière dans la littérature théorique consacrée aux manières de gérer les conflits et la violence au sein de l'école : pratiques de coopération et de participation, construction d'espaces de parole, respect et écoute mutuelle, encouragements, construction du sentiment d'appartenance, responsabilités, sanction

« reliée » au problème, respectueuse et aidante, recherche de réparations acceptables, aide à la gestion des émotions... Ces solutions sont issues notamment des pédagogies Freinet et institutionnelle et des recherches sur la discipline positive, les compétences psychosociales, l'approche systémique, la communication non violente et la justice restaurative[2]. Je soulignerai encore deux points à propos de ce système de médiation. En premier lieu, il est constamment à l'œuvre et non mis en place à l'occasion de tel ou tel problème : cela permet aux élèves, sur les cinq années de la scolarité à l'école, de se construire une véritable culture de la médiation et, au-delà, du vivre ensemble. En second lieu, il est constamment retravaillé collectivement : ainsi une réunion des médiateurs avait débouché sur un numéro du bulletin interne de l'école qui, non seulement rappelait les règles de la médiation mais effectuait aussi un relevé de propositions afin d'aider les médiateurs et précisait une échelle de la médiation mettant en vis-à-vis des actes problématiques et des propositions de solutions. Il est à noter – ce qui est significatif quant à l'apprentissage de la coopération – que ce numéro s'intitulait « Tous médiateurs !! ».

1. Qui nécessite argumentation, précisions et recueil des versions des participants et des témoins.

2. Entre autres : Nielsen J., *La discipline positive*, 2014, Marabout, adaptation Sabaté B. ; Reverdy C., « La coopération entre élèves : des recherches aux pratiques », *op. cit.* ; Rosenberg M. B., *Les mots sont des fenêtres (ou bien ce sont des murs)*, 2016, Paris, La Découverte ; Rosenberg M. B., *Enseigner avec bienveillance. Instaurer une entente mutuelle entre élèves et enseignants*, 2017, Archamps, Éditions Jouvence ; Watzlawick P., *Une logique de la communication*, 1972, Paris, Seuil ; Watzlawick P., *Comment réussir à échouer*, 1998, Paris, Seuil. Et pour une synthèse précieuse : Debarbieux E. (dir.), *L'impasse de la punition à l'école. Des solutions alternatives en classe*, 2018, Paris, Armand Colin.

113 **Coopération et récréations.** Ces formes de coopération concernent encore les jeux collectifs, regroupés dans des malles et mis à la disposition des élèves pendant le temps des récréations. Pour s'en occuper, un groupe de ludothécaires est choisi par roulement parmi les élèves. Ils ont la charge de sortir et de ranger les jeux, de proposer un emploi du temps et un plan de la cour qui assurent leur bonne utilisation. Ils renouvellent le matériel, proposent et testent de nouveaux jeux et interviennent auprès des autres enfants lorsqu'ils constatent que l'utilisation des jeux pose un problème.

SOUS-SECTION **4**

La coopération avec les parents

114 **L'importance de la coopération avec les parents.** La coopération avec les parents est importante puisqu'elle va du bulletin d'information jusqu'à des commissions de travail et des discussions fournies lors des conseils d'école. Elle consiste aussi en la mise en place d'une association pour accueillir les élèves le mercredi matin et en l'implication dans des projets. L'association d'entraide des parents d'élèves, qui réunit parents et enseignants, est partie intégrante du projet dérogatoire d'organisation pédagogique de la semaine

scolaire mis en place au sein de l'école. Elle permet l'accueil des enfants le mercredi de 9 à 10 heures (le temps scolaire commençant à 10 heures le mercredi). Cette organisation permet de soutenir les principes de continuité des temps et des lieux éducatifs qui sont constitutifs du projet de l'école : les enseignants sont présents auprès des enfants sur tous les temps éducatifs, de 9 à 18 heures et le mercredi de 10 à 12 heures. Un journal mensuel est aussi rédigé à l'attention des familles pour les informer des différents projets et événements en préparation. Il sert de lien entre les différents membres de la communauté éducative et constitue un moyen pour les enfants de communiquer avec leurs parents sur ce qui se passe à l'école.

115 **Les réunions avec les parents.** La coordination et les autres enseignants organisent et préparent ensemble les conseils d'école qui sont ouverts à tous les parents, qu'ils soient ou non représentants. Les représentants des parents ont la possibilité de proposer à la coordination des points de discussion. De façon complémentaire, une réunion de rentrée est organisée en septembre avec l'ensemble des parents. Elle est destinée à présenter les projets de l'école, à organiser la participation des familles et à enclencher les préparatifs de la braderie. Des réunions ont lieu par ailleurs dans chaque groupe avec les enseignants, trois fois minimum dans l'année, pour présenter plus en détail le travail et le projet des enfants. Plusieurs jeudis dans l'année, à 17 heures, l'équipe reçoit par roulement toute personne souhaitant s'informer sur le fonctionnement de l'école. Des réunions sont aussi organisées avec les parents des futurs CP pour les informer sur le projet et le fonctionnement de l'école et, chaque année, les CP invitent les enfants de grande section d'une école maternelle à venir partager un moment de rencontre à l'école suivi d'un goûter qu'ils cuisinent.

116 **Faire vivre aux parents les pratiques coopératives.** La coopération avec les parents excède encore ce qui vient d'être présenté. En effet, un des objectifs de l'équipe est de faire vivre aux parents eux-mêmes des pratiques coopératives afin qu'ils comprennent mieux le système mis en place à l'école et les démarches d'apprentissage des élèves. La sollicitation de la coopération des parents lors de nombre d'événements s'accompagne donc d'incitations à une coopération entre eux. C'est d'ailleurs ce qui se passe lors de la braderie avec le tri des objets et la répartition du travail, lors des classes vertes avec le blog des parents ou encore avec la chorale des parents qui accueille de nouveaux et d'anciens parents partageant ainsi un répertoire et des soirées spectacles.

Un autre exemple intéressant, dans la mesure où il s'inscrit au sein du travail d'apprentissage lors du temps scolaire, est un atelier d'écriture conçu par des groupes d'élèves pour les autres groupes et les parents d'élèves volontaires.

SOUS-SECTION **5**

La coopération avec les autres intervenants de l'école

117 Une équipe pédagogique élargie. Il existe aussi une véritable coopération avec les autres intervenants de l'école : professeurs de la ville de Paris, psychologue scolaire, maître E, assistants de vie scolaire, surveillants, bibliothécaire, etc. qui s'accordent à reconnaître qu'ils sont acceptés et écoutés. Ils participent d'ailleurs à la vie de l'école, au-delà de la présence administrativement requise : participation à des réunions et à des projets et des classes vertes, etc. Ils peuvent prendre des initiatives qui sont valorisées[1]. Certains d'entre eux soulignent même que l'organisation de leur travail est facilitée par le fait qu'ils peuvent opérer des regroupements trans-classes[2] dans la mesure où les enseignants ne considèrent pas les élèves de tel ou tel groupe comme leur propriété. Il est aussi intéressant de constater que les élèves peuvent solliciter certains membres du personnel de service pour diverses interventions (médiations, corrections d'écrits, etc.) et que ceux-ci effectuent cela dans l'esprit du travail mené au sein de l'école.

1. Ainsi un des murs de l'agora a été dédié aux projets et réalisations menés par la bécédiste.
2. Par exemple, les non-nageurs de toutes les classes.

118 La disponibilité des enseignants. Un autre trait du fonctionnement de l'équipe pédagogique est la présence et la disponibilité des enseignants bien plus que dans d'autres écoles que ces intervenants ont pu fréquenter[1]. Cela permet de soumettre aux maîtres tout problème qui survient et de pouvoir compter sur leur aide effective. Cela contribue au fait que ces intervenants s'accordent pour noter la politesse et le respect des élèves à leur égard ainsi que la proportion plus réduite de problèmes de discipline en comparaison avec ce qu'ils connaissent dans d'autres écoles. Il en est de même avec le personnel de service qui s'accorde à souligner la bienveillance et l'écoute de l'équipe ainsi que l'espace d'autonomie qui lui est accordé.

Cela contribue sans nul doute au sentiment d'appartenance à une équipe et soutient le désir de rester dans cette école.

1. Souvent, par exemple, dans d'autres écoles, il existe moins d'échanges entre les maîtres (en pause) et les animateurs de la ville de Paris.

SOUS-SECTION **6**

La coopération avec des acteurs « externes »

119 Des échanges « externes ». La multiplicité des échanges avec des organismes externes (FESPI, CEMEA, etc.), des stagiaires, des étudiants, des collègues ou des représentants des médias qui sollicitent des visites dans l'école, etc. est encore à noter. La coopération avec la FESPI est, par exemple, conséquente : participation de l'équipe aux biennales de l'éducation nouvelle et à la Commission nationale de la FESPI, mise en place d'un atelier lors de colloques sur l'école et les droits de l'enfant. Le partenariat avec le bureau « école et éducation » des CEMEA se poursuit aussi. Depuis plusieurs années, l'école accueille régulièrement des stagiaires CEMEA. Et la chargée de mission du secteur École a réalisé un documentaire destiné à présenter l'école à leurs étudiants. L'école Vitruve appartient encore au réseau français des écoles associées de l'UNESCO, créé en 1953. Il est nécessaire pour en faire partie de présenter des projets interdisciplinaires sur l'un des thèmes suivants : problèmes mondiaux et rôle du système des Nations unies ; droits de l'Homme, démocratie et tolérance ; dialogue interculturel, développement durable et citoyenneté mondiale ; préservation du patrimoine matériel, immatériel et naturel. Il est encore nécessaire de jouer un rôle novateur au sein du système éducatif.

L'école rencontre d'autres équipes pour partager son travail et ses questionnements. Elle a ainsi été contactée par plusieurs établissements pour organiser la visite d'enseignants qui souhaitent élargir leur expérience à d'autres fonctionnements possibles (conseils d'école des enfants, régulation des conflits, responsabilités enfants), compte tenu des problèmes récurrents de violence qu'ils rencontrent au quotidien[1]. Les échanges avec d'autres établissements sont très précisément construits comme cela a été le cas avec l'équipe enseignante de l'école Decroly : préparation, projection du film des CEMEA sur Vitruve, discussion à partir du film puis groupes de travail autour des thématiques établies par les deux équipes. Ces échanges se multiplient encore lorsque l'école peut exposer, même brièvement, certaines de ses pratiques lors de regroupements.

1. Ainsi l'école a contribué à la mise en place de médiateurs dans un collège voisin.

120 Le rôle des projets pédagogiques. Le travail en projet favorise les rencontres, l'aide et l'avis d'intervenants extérieurs. J'y reviendrai. La coopération avec les parents et les autres habitants du quartier se marque aussi par le fait que les objets collectés et vendus lors de la braderie proviennent de dons faits par des parents (et anciens parents), mais aussi des voisins, des gens du quartier[1].

Au-delà, le label E3D (École en démarche de développement durable) qui récompense les structures et établissements qui valorisent les démarches autour du développement durable a été obtenu. Il s'est agi d'inciter les futurs citoyens que sont les élèves à mettre en pratique le développement durable dans leur quotidien. Cela englobe les questions d'environnement, d'économie et de culture. L'école a ainsi mis en place le projet « Vague de livres ». À la suite de la braderie, il restait un grand nombre de livres. Un groupe d'élèves a décidé de donner une deuxième vie aux livres de jeunesse en créant un réseau de libre-échange dans le quartier.

Un sous-groupe s'est occupé de chercher des lieux fréquentés par les enfants afin de demander l'accord des propriétaires ou des responsables pour y déposer des livres. L'autre sous-groupe a cherché des livres pour compléter le stock et pouvoir achalander régulièrement les lieux de dépôt avec des livres d'occasion variés et en bon état. Les élèves ont encore eu l'idée de construire des bacs et des petites bibliothèques en bois de récupération pour présenter les livres. Les partenaires ont été des responsables de la mairie, des restaurants, des centres PMI, d'animation, social, des associations. Des affichettes et des tracts ont aussi été mis dans les vitrines des boutiques, les écoles environnantes et le collège afin d'informer les enfants du quartier. Ceux-ci ont ainsi pu choisir parmi des centaines de livres répartis dans différents lieux. Les enfants ont aussi souhaité discuter de ce qu'il était possible de faire des restes après les repas. À la suite du conseil d'école, les enfants-coordinateurs ont présenté des propositions pour lutter contre le gaspillage à la caisse des écoles : garder les fruits non terminés pour faire du compost, conserver les fruits non entamés pour les redistribuer (au goûter, aux récréations, etc.), garder les produits sous emballage pour les associations caritatives. Lors de l'entrevue avec les responsables de la mairie, il a été acté qu'il était possible de donner les restes de fruits entamés aux poules ou de les utiliser pour le compost. Les fruits non entamés peuvent être récupérés par les cantinières qui en font des salades de fruits après les avoir désinfectés. Le pain restant du déjeuner peut aussi être récupéré et distribué pour le goûter aux enfants qui le souhaitent. En revanche, il n'est pas possible de donner d'autres produits restant à des associations en raison de règles d'hygiène strictes qui ont été rappelées. Il est intéressant de remarquer comment, à l'occasion de ces échanges, une connaissance citoyenne peut se construire en situation.

1. La braderie crée et recrée du lien : on y vient aussi pour revoir les anciens élèves et leurs familles.

SECTION **2**

Coopération et projets

121 **L'importance des projets.** Il me semble maintenant nécessaire de préciser en quoi les projets[1] peuvent être importants dans le fonctionnement de la coopération, ce qui n'est pas le cas dans tous les établissements mettant en place des pratiques coopératives.

1. Sur la pédagogie de projet, entre autres, dans le domaine francophone : Collectif, *Paul Eluard, un collège aux Minguettes*, *op. cit.* ; GFEN, *Parler, écrire « pour de bon » à l'école*, 1979, Tournai, Casterman ; GFEN, *Agir ensemble à l'école*, 1982, Tournai, Casterman ; Halté J.-F., « Apprendre autrement à l'école », *Pratiques* 1982, n° 36, « Travailler en projet » ; Halté J.-F., *L'enseignement du français, dans un travail en projet*, thèse de doctorat, 1986, université de Besançon ; Le Grain, *Le défi pédagogique. Construire une pédagogie populaire*, 1982, Bruxelles, Vie ouvrière ; Petitjean A., *Pratiques d'écriture. Raconter et décrire*, 1982, Paris, CEDIC ; *Pratiques* 1982, n° 36, « Travailler en projet » ; Proulx J., *L'apprentissage par projet*, 2004, Sainte-Foy, PU Québec ; Reuter Y., *Pédagogie du projet et didactique du français. Penser*

et débattre avec Francis Ruellan, 2005, Villeneuve-d'Ascq, PU du Septentrion ; Reuter Y., « La pédagogie du projet comme analyseur de la didactique du français », *in* Reuter Y. (dir.), *Pédagogie du projet et didactique du français. Penser et débattre avec Francis Ruellan, op. cit.* ; Ruellan F., « Un mode de travail didactique pour l'enseignement de "compétences" en production d'écrits », art. cit. ; Ruellan F., *Un mode de travail didactique pour l'enseignement-apprentissage de l'écriture au cycle 3 de l'école primaire, op. cit.* ; Ruellan F., « Indices d'hétérogénéité dans une démarche d'écriture en projet », *op. cit.* ; Ruellan F., « Évolution du rapport au texte et à l'écriture dans une démarche de travail en projet », *Pratiques* 2002, n°s 113-114, « Images du scripteur et rapport à l'écriture », p. 154-190.

122 **Le projet : une notion polysémique.** Il convient cependant de remarquer que la notion de « projet » est polysémique au sein de l'école Vitruve puisqu'elle peut recouvrir des projets d'une certaine ampleur, récurrents (comme la braderie) ou spécifiques à telle année scolaire et à tel groupe ; elle peut aussi renvoyer à des espaces spatio-temporels vécus hors de l'école pendant un temps conséquent (les classes vertes) ; elle peut encore référer à ce que d'autres appellent des responsabilités ou des métiers (le café pendant les pauses). Mais, au-delà des différences entre ces pratiques, elles ont en commun de renvoyer à de l'anticipation, à de l'auto-organisation[1], à du travail collectif, à de la gestion de possibles imprévus et à des statuts au sein de la microsociété que constitue l'école.

1. Ainsi la construction de plannings accompagne le travail sur les projets. Cela permet de repérer quand préparer tel événement et comment s'organiser. L'échéance motive la planification et l'organisation.

123 **Les projets comme supports de la coopération.** Leur importance tient complémentairement aux dimensions suivantes : ils organisent la construction et la recherche de connaissances nécessaires à leur réalisation dans des plages de travail consacrées au projet[1] ou décrochées[2] ; ils entraînent non seulement la coopération avec les autres élèves (du groupe ou d'autres groupes) mais encore la sollicitation d'aides ou la participation des parents (voir la braderie), de parents experts (par exemple, la venue de parents professionnels de la musique ou du spectacle pour un projet sur le bruit) ; ils permettent aussi la construction collective de savoirs articulant lectures de documents, recherches historiques ou géographiques (par exemple, sur les régions et départements traversés), prise d'indices, calculs[3], construction de tableaux à double entrée[4], analyse comparée des avantages de tel ou tel centre pour les classes vertes (avec des critères tels que le coût et la proximité de monuments présentant des intérêts pour le projet concerné[5]). Ils permettent encore l'émergence de questions intéressantes à traiter dans la perspective de la différenciation entre approches « ordinaire » et « disciplinaire » du monde : « Est-ce que deux semaines, c'est quinze jours ? » Le travail en projet favorise en outre l'aide et l'avis d'experts qui ne sont pas nécessairement des parents d'élèves : des imprimeurs, le boulanger, les bars et les restaurants, la maison de retraite, la PMI, la bibliothèque, les jardiniers, les éboueurs, les libraires et des associations proches, etc.

Il convient de souligner que la mise en œuvre de certains projets (la braderie, par exemple) permet de collecter des fonds qui assurent le départ de *toutes* les classes une semaine ou quinze jours, ce qui est loin d'être négligeable comparé à ce qui se passe dans d'autres écoles. Ces classes vertes sont l'occasion de repartir avec d'anciens élèves devenus animateurs et de prolonger des liens. De surcroît, ces classes vertes permettent le développement de la prise en charge, de l'autonomie, de la solidarité entre élèves[6] et du vivre ensemble (*via*, par exemple, la gestion collective des repas).

1. Par exemple, questions, explications, argumentations, hypothèses, etc., sont travaillées dans des situations faisant sens pour les élèves.

2. Les ateliers peuvent être détachés du projet mais sont conçus comme devant servir le projet (techniques opératoires, groupes de besoin, ateliers d'entraide, etc.).

3. Ces calculs peuvent, par exemple, porter sur les commandes pour le petit déjeuner (6 petits déjeuners avec 27 enfants et 5 adultes, sachant qu'il faut un litre de lait pour 6 personnes, etc.) et, au-delà, pour tous les repas en classes vertes en tenant compte des équilibres nutritionnels entre types d'aliments.

4. Ainsi, un travail de calcul et de lecture de tableaux a été réalisé dans le groupe des cours élémentaires. Cela a permis de travailler sur la structure des tableaux à double entrée (colonnes, lignes) et d'effectuer des calculs fonctionnalisés par le projet, de surcroît sur des nombres importants qui ne sont pas si fréquemment rencontrés à ce moment du cursus.

5. Cela fait d'ailleurs partie des affichages. Il en est de même pour les calculs du prix des brochettes ou des boissons pour les séances de cinéma en soirée ou le bal de fin d'année.

6. Cette solidarité peut aussi concerner le respect et la prise en charge des craintes de chacun.

124 **Un exemple de projet.** Pour reprendre le projet « Vague de livres » mentionné précédemment, les apprentissages possibles se situent dans de nombreux domaines :

- oral, lecture/écriture, explication, argumentation : production de textes et de lettres à la mairie, aux commerçants, aux associations ; explicitation du projet ; fabrication de notices de montage, lecture et tri des livres récupérés pour adapter leur circulation en fonction du public visé, explications orales du projet lors des rendez-vous chez les dépositaires, prises de rendez-vous et écriture d'une fiction ;
- mathématiques : calculer pour construire de petites bibliothèques en bois, prendre des mesures, calculer des longueurs, choisir son outil, utiliser l'équerre, construire des angles droits, chercher le milieu, la symétrie, utiliser un gabarit, faire des plans, etc. effectuer des enquêtes de prix pour acheter la visserie, la peinture, comparer des nombres, etc. lire des plans du quartier pour s'y repérer et s'y déplacer ;
- questionnement du monde : éco-gestion de l'environnement, questionnements liés au gaspillage et au recyclage, recherches documentaires sur les origines de l'écriture et de l'imprimerie, frise chronologique des évolutions, visite de la bibliothèque des amis de l'instruction et de la Bibliothèque nationale de France ;
- enseignement artistique : fabrication d'un logo, fabrication d'affiches, plan de meubles et perspectives, place des meubles dans l'art ;
- compétences transversales : apprendre à travailler ensemble, à proposer des idées, à discuter et faire avancer une discussion, à analyser, à écouter les autres et à prendre des décisions en tenant compte de leur avis, à s'organiser, à trouver des solutions ensemble, à les améliorer, à faire des bilans pour se rendre compte de ce qui a été appris et à voir quels progrès sont possibles, etc.

SECTION **3**

Coopération et centration sur l'école

125 L'importance de la centration sur l'école. La centration sur l'ensemble de l'école, au-delà donc des classes et des groupes, peut, au même titre que les projets, s'avérer fondamentale quant à la coopération. Elle conduit à ce que les activités spécifiques à tel ou tel groupe soient socialisées et enrichissent le patrimoine commun.

126 Coopération et construction d'un univers de l'écrit. La centration sur l'école implique non seulement des phénomènes d'entraide et d'interconnaissance, mais participe encore de la construction d'un univers de l'écrit[1] fonctionnel, riche, dynamique et généralisé. Ainsi l'affichage, important et évolutif, des connaissances construites par tel ou tel groupe peut se situer non seulement sur les murs (des classes, de la cour, des couloirs), sur les piliers, mais encore dans les toilettes et il existe une multiplicité d'affichages pris en charge par les maîtres, les élèves ou en collaboration : règles de fonctionnement[2], météo, responsabilités et métiers, conseils d'école (ordres du jour, comptes rendus, décisions, contestations), plaintes, invitations et remerciements entre classes, consignes d'atelier d'écriture pour les élèves d'une autre classe et les parents volontaires, expositions, questionnaires.

Ainsi, les espaces communs, et notamment la cour, ne sont plus des espaces hors apprentissages mais sont constitués en lieux d'apprentissages à part entière. Cet univers favorise l'entrée dans l'écrit et l'appropriation des virtualités de l'écrit[3].

1. Giguère J. et Reuter Y., « Présentation d'une grille d'analyse de l'univers de l'écrit à l'école primaire », *Les Cahiers Théodile* 2004, n° 4, p. 103-121 ; Giguère J., « L'univers de l'écrit à l'école primaire : comparaison de trois modes de travail pédagogique (pédagogie Freinet, pédagogie par projet, pédagogie "classique") », *in* Reuter Y. (dir.), *Démarches pédagogiques et lutte contre l'échec scolaire (2002-2005)*, rapport de recherche de l'ERTe 1021, t. 1, 2005, p. 177-211.

2. Règles pour la cour, pour l'étude, pour les rangements, pour corriger son texte, pour avoir un cahier lisible, pour préparer une séance de sport, pour organiser une soirée ciné, etc.

3. Goody J., *La raison graphique. La domestication de la pensée sauvage*, 1979, Paris, Minuit.

SECTION **4**

Des systèmes aux pratiques : les pédagogies différentes comme laboratoires et lieux de ressources

127 **Une coopération généralisée.** On peut ainsi parler d'une coopération généralisée, érigée en système, extrêmement rare en tant que telle : dans toute l'école, avec tous les acteurs de l'école, avec des acteurs externes, etc. Cette coopération touche aussi bien l'enseignement que les apprentissages ou la gouvernance. Elle concerne tous les espaces de l'école. Elle participe de la constitution d'une véritable communauté éducative. On peut penser que cela contribue, entre autres intérêts, à réduire les effets de juxtaposition et de morcellement dus à la multiplicité des intervenants au sein de l'école, tels qu'ils ont été analysés par Netter[1].

1. Netter J., *L'école fragmentée*, 2019, Paris, PUF.

128 **Déplacer les questionnements institutionnels sur l'innovation.** Tout cela conduit à une réflexion sur les relations entre innovations/expérimentations, systèmes pédagogiques et pratiques. Je pense tout d'abord nécessaire de déplacer certains questionnements institutionnels actuels sur l'innovation en tant que nouveauté. Il me semble en effet qu'ils conduisent à des débats assez stériles, quel que soit l'établissement ou le dispositif concernés : nouveauté absolue (très rare), nouveauté « technique » (par exemple, au travers des outils informatiques), nouveauté dans un espace social déterminé, nouveauté aux yeux de tel ou tel acteur[1], etc. Ces questionnements sont en outre porteurs de dangers dans la mesure où ils constituent parfois une arme entre les mains de décideurs institutionnels pour tenter de ramener dans la norme des établissements qui pratiquent des pédagogies différentes depuis un certain temps.

1. Pour des éléments sur la question de l'innovation et des expérimentations, par exemple : Allam M.-C., « La médiatisation des pédagogies alternatives entre les années 1970 et 2000. Dynamiques de dépolitisation et construction d'un problème public éducatif », *Trema* 2018, n° 50 [en ligne], *http://journals.openedition.org/trema/4219* ; Bouchard P. (dir.), *Innovation École. De la maternelle au lycée*, 2001, Paris, Éditions Autrement ; *Cahiers pédagogiques* sept.-oct. 2018, n° 547, « Des alternatives à l'école ? » ; Casanova R. et Carra C. (dir.), « Pédagogies alternatives. Quelles définitions, quels enjeux, quelles réalités ? », *Spirale* 2010, n° 45 ; Cohn-Bendit G., *Pour une autre école. Repenser l'éducation, vite !*, 2013, Paris, Éditions Autrement, p. 88-100 ; Cros F., *L'innovation à l'école : forces et illusions*, 1993, Paris, PUF ; Cros F., « De l'initiative à l'expérimentation : la longue vie du soutien à l'innovation », *Les Sciences de l'éducation. Pour l'Ère nouvelle* 2013/3, vol. 46, p. 63-88 ; Cros F. et Adamszewski G., *L'innovation en éducation et formation*, 1996, Bruxelles, De Boeck ; Hugon M.-A. et Robbes B. (dir.), *Des innovations pédagogiques et éducatives en réponse à la crise de l'école*, 2015, Arras, Artois Presses Université ; Hugon M.-A. et Viaud M.-L., « Introduction générale », *in* Hugon M.-A. et Viaud M.-L. (dir.), *Les établissements scolaires « différents » et la recherche en éducation. Problèmes méthodologiques et épistémologiques*, 2016, Arras, Artois Presses Université, p. 7-17 ; Hugon M.-A. et Viaud M.-L. (dir.), *Revue française d'éducation comparée* 2017, n° 15,« Les écoles et pédagogies "différentes" : approches internationales » ; Reuter Y. (dir.), *Les expérimentations liées à l'article 34 de la loi d'orientation et de programme pour l'école de 2005, op. cit.* ; Tricot A., *L'innovation pédagogique*, 2017, Paris, Retz ; Viaud M.-L., *Des collèges et lycées différents*, 2005, Paris, PUF.

129 **Les dimensions d'une démarche expérimentale.** Il me semble préférable de poser la question de savoir en quoi consiste la dimension expérimentale de tel établissement et de tenter d'y répondre au travers de trois entrées : l'histoire de l'expérimentation et sa dynamique actuelle, les caractéristiques du système pédagogique instauré, la reconnaissance nationale et internationale. J'y reviendrai avec le chapitre 5 consacré à la présentation d'un outil d'évaluation possible.

Concernant la dimension historique, j'insisterais volontiers sur le fait que, de manière paradoxale, la survie d'une expérimentation[1] constitue un fait singulier qui, en soi, mérite d'être considéré comme quelque chose de particulièrement intéressant, digne d'être analysé par tous ceux qui se lancent dans les expérimentations ainsi que par ceux qui les accompagnent.

Concernant les spécificités du système pédagogique instauré, le caractère systématique des pratiques coopératives permet de penser de multiples dispositifs, mais aussi leur articulation et leur intégration possible dans une démarche pédagogique globale.

Concernant les formes de la reconnaissance, il me semble intéressant de considérer ses aspects nationaux et internationaux et la conservation dans des documents écrits ou audiovisuels qui constituent, dès lors, des ressources offertes à tous.

Ainsi, une expérimentation qui dure et qui est constituée en système[2] peut être considérée comme un laboratoire vivant et un lieu de ressources (pratiques, situations, dispositifs, etc.) pour des établissements et des enseignants exerçant dans des cadres plus classiques tout en étant à la recherche d'un enrichissement de leurs pratiques. Cela rejoint ainsi le projet de l'inspecteur Gloton qui envisageait la mise en place d'écoles pratiquant une pédagogie différente comme des lieux de ressources et de formation pour les enseignants. Des lieux où ils viendraient en tant que concepteurs pour réfléchir aux possibles pédagogiques et non en tant qu'exécutants pour recevoir la bonne parole.

Pour le dire en d'autres termes encore, ces expérimentations constituent des « lieux sources » qui permettent aux enseignants et aux équipes en mouvement de se ressourcer.

1. Les autres écoles mises en place dans le XXe arrondissement de Paris par l'inspecteur Gloton n'ont pas conservé cette dimension expérimentale.

2. L'école Vitruve n'en est qu'un exemple parmi d'autres.

CHAPITRE **4**

La question des méthodes d'analyse

130 **Les débats sur les méthodes.** Je souhaite maintenant revenir sur les débats concernant les méthodes employées pour analyser les effets des pédagogies différentes. Je vais d'abord discuter certaines critiques avant de proposer quelques principes méthodologiques dont j'essaierai de justifier la pertinence.

SECTION **1**

Les critiques à l'encontre des recherches qui établissent les intérêts des pédagogies différentes

131 **Les principales critiques.** Quelles sont les principales critiques portées à l'encontre des recherches qui mettent au jour les intérêts des pédagogies différentes ?

SOUS-SECTION **1**

Des critiques plus scientistes que scientifiques

132 **Une certaine naïveté.** Il me semble que certaines critiques, issues notamment de chercheurs travaillant dans le domaine des neurosciences ou des sciences cognitives, qui s'appuient principalement sur des démarches expérimentales, manifestent peut-être de la naïveté en pensant apporter des preuves définitives aux questions d'éducation[1].

1. Ce n'est pas le cas de tous, loin de là. Par exemple : Houdé O., *L'école du cerveau. De Montessori, Freinet et Piaget aux sciences cognitives*, *op. cit.*

133 **Des méconnaissances.** Cette naïveté tient, d'une part, à une certaine ignorance de l'histoire des sciences qui est jonchée de cadavres de résultats et de théories qu'on pensait justes et, d'autre part, à la méconnaissance du fait que, dans nombre de domaines des sciences humaines et sociales, la « robustesse » des résultats tient plus à une convergence d'indices et de résultats issus de sources diverses qu'à un type de résultat issu d'une seule démarche. Cette naïveté conduit d'ailleurs à considérer, qu'outre les études quantitatives menées dans un cadre expérimental[1], la validation suprême serait obtenue par les méta-analyses qui compilent et évaluent les autres études. C'est peut-être aller, là aussi, un peu vite en besogne si on considère que ces méta-analyses ne prennent pas en compte les recherches qui ne se situent pas dans leur cadre, qu'elles sont en général, elles aussi, critiquées par la suite et que, de surcroît, leurs auteurs ont tendance à se constituer eux-mêmes en experts des experts.

1. Avec notamment la randomisation, technique faisant appel au hasard. De manière assez curieuse, le terme de randomisation fonctionne plutôt comme un fétiche n'approfondissant ni certains problèmes éthiques attachés à cette technique, ni les questions liées aux difficultés d'une telle répartition quand on étudie des systèmes pédagogiques complexes, ni les diverses modalités possibles de randomisation.

134 **Des exclusions.** En tout état de cause, cette position évacue, outre les études dites « qualitatives », les témoignages qui, pour le coup, quelle que soit leur importance quantitative, ne paraissent pas dignes d'être comptés aux yeux de ces chercheurs. C'est peut-être au travers de ces diverses exclusions que la naïveté que j'ai évoquée se conjugue avec une certaine ignorance, voire un certain mépris, pour nombre de disciplines scientifiques qui ne pratiquent que peu ou pas du tout les démarches expérimentales, puisque cela mènerait à éliminer non seulement une bonne partie des recherches en histoire, en ethnologie, en sociologie, en linguistique, etc., mais aussi en physique ou en mathématiques.

C'est en cela que je considère que cette position tient plus d'une foi en « La Science », sur un modèle quasi religieux, que d'approches scientifiques cherchant de manière prudente à construire des résultats solides mais qu'elles savent toujours provisoires, en n'oubliant pas le nécessaire doute critique qui ne perd rien à s'exercer en premier lieu sur ses propres travaux.

SOUS-SECTION **2**

Des critiques limitant les indicateurs possibles

135 **Peu de dimensions.** Il me paraît aussi interrogeant de constater le peu de domaines et de dimensions pris en compte quand certains traitent des pédagogies différentes. Il s'agit essentiellement de contenus en lecture, en écriture et en mathématiques. Il est peu question d'oral, d'autres disciplines (arts, éducation physique, technologie, langues, etc.) ou de compétences « transversales ». C'est, somme toute, assez restreint.

Complémentairement, peu d'acteurs autres que les élèves sont pris en compte, comme si les effets des démarches pédagogiques ne pouvaient pas concerner aussi les enseignants, les autres intervenants, le personnel administratif et technique, les parents, etc. Là encore, on peut s'interroger sur le sens de cette cécité.

136 **Peu de techniques différentes.** Les techniques employées sont aussi, très souvent, peu variées permettant rarement des croisements : peu d'observations dans les classes, dans la cour, dans les couloirs ou les toilettes, peu d'analyses de productions non sollicitées ou de documents circulant dans les classes ou d'affichages, peu d'entretiens... *De facto*, une véritable distance est instaurée par rapport aux classes et aux élèves qui tendent à se réduire à des numéros dans des tableaux statistiques. Cela engendre l'impression, au moins à certains moments, que la sophistication de certains modèles statistiques dissimule, outre la pauvreté des données, la crainte d'une proximité avec les acteurs de terrain. Complémentairement encore, les évaluations sont en général effectuées sur le court terme, à la fin de séquences ou quelques jours ou semaines plus tard. Les évaluations à moyen ou à long terme demeurent encore trop rares.

137 **L'hypothèse d'effets directs d'une seule variable.** De surcroît, une hypothèse forte guide ces évaluations, celle d'effets « directs » des dispositifs sur les compétences ou les contenus (par exemple, en lecture, les effets de telle méthode sur les apprentissages) en négligeant le constat pourtant très intéressant de nombre d'effets susceptibles d'être reliés au système mis en place et à des composantes qui ne sont pas habituellement considérées comme devant produire des effets directs : le climat, le type d'apprenant construit, la communauté scolaire et le désir de s'y inscrire[1], etc.

Au regard de ces éléments, il me semble que ces critiques, loin de la rigueur revendiquée, conduisent parfois à une certaine pauvreté méthodologique.

1. Par exemple : Lahanier-Reuter D. (dir.), *Effets de formations des enseignants au primaire au Togo*, rapport remis à l'UNICEF et à l'AFD, 2018, *https://sites.google.com/site/dominiquelahanierreuter/rapports-unicef-afd-effets-de-formation-a-la-pedagogie-active-au-togo*, sur les relations entre la mise en place des entretiens du matin et la diminution des sanctions appliquées aux élèves au Togo. Voir aussi nombre de travaux en sociologie sur les dispositions développées dans les familles.

SOUS-SECTION **3**

Des critiques occultant des éléments importants

138 **Trois éléments sont finalement négligés.** À cet ensemble, j'ajouterais que, dans les modalités évaluatives défendues par ces tenants de démarches qu'ils estiment plus scientifiques, trois éléments sont finalement négligés. En premier lieu, les problèmes massifs des démarches pédagogiques « classiques » : échec socialement différencié, décrochage, climat dégradé, ennui, etc. Il convient ici de souligner que la question de la « plus-value » est demandée à ceux qui pratiquent des démarches différentes mais ne l'est pas aux autres malgré les problèmes que je viens de rappeler. À certains moments, l'institution et certains chercheurs semblent préférer la résignation et l'inertie à la volonté de changer ce qui ne marche pas. En second lieu, et ceci n'est pas sans relation avec cela, est aussi négligé le fait qu'on retrouve dans les établissements pratiquant des démarches différentes des élèves qui y ont été envoyés en fonction de problèmes qu'ils rencontraient dans des cadres traditionnels. En outre, et cela est fondamental à mes yeux, on tente d'évaluer de la même manière et au même moment des élèves qui suivent une progression classique (identique, un élément après l'autre, etc.) et des élèves qui suivent une progression spiralaire selon des modalités différenciées.

SOUS-SECTION **4**

Une certaine indigence propositionnelle

139 **Le « modelage » de l'élève.** À cela s'ajoute encore une certaine indigence propositionnelle : dans bien des cas, c'est le recours à une pédagogie dite « explicite » (j'y reviendrai dans le chapitre suivant) qui est prôné. Celle-ci consiste essentiellement en un guidage de l'élève (en un « modelage ») où le maître explicite donc ce qu'il faut faire, montre comment le faire et guide l'élève pour le refaire. Un cheminement unique pour tous où l'exécution remplace les interrogations, le tâtonnement, les recherches. On peut remarquer, de manière malicieuse, que cela n'est peut-être pas très éloigné de l'esprit d'anciennes directives militaires :

> Ce petit livre est écrit pour le soldat.
> L'auteur a eu pour but de condenser en quelques pages, dans un style concis, tout ce que le soldat doit savoir. Celui-ci y trouvera ses devoirs et la conduite à tenir dans presque tous les cas où il peut se trouver.
> Le soldat en étudiera successivement les divers chapitres, comme l'écolier étudie sa leçon de chaque jour ; l'instructeur donnera des explications et fera les démonstrations nécessaires : alors le soldat pourra répondre, il saura ce qu'il doit savoir et son âme sera pénétrée des sentiments du devoir militaire que tout citoyen doit à sa patrie[1].

1. Capitaine F. Chapuis, *L'instruction théorique du soldat par lui-même*, 15e éd., 1906, Paris-Nancy, Berger-Levrault, avant-propos, p. 7.

SOUS-SECTION **5**

L'absence de doute

140 **La « discutabilité » des effets.** Je noterai enfin l'absence de doute dans de tels écrits. La construction des effets est un problème méthodologiquement complexe et les démarches qui s'y attellent doivent nécessairement être soumises à discussion. Mais cette « discutabilité » gagne à être considérée comme la règle dans le champ des recherches et non comme une faiblesse. Il est difficile de poser que certains y échapperaient et seraient en mesure de dire la vérité pour toutes les disciplines et toutes les méthodes. Une telle posture, qui consiste à prendre les autres de haut, me semble étrangère à l'univers des recherches.

SECTION **2**

Analyser les pédagogies différentes : principes méthodologiques

141 **Des principes d'analyse différents.** Je propose de retenir, au moins provisoirement, des principes d'analyse quelque peu différents de ceux que défendent un certain nombre de tenants des approches expérimentales que je viens d'évoquer : les logiques au sein desquelles la recherche se situe, une description précise des fonctionnements mis en place, les croisements (de théories, de méthodes, de données, etc.), la diversité des dimensions et des critères, la diversification des séries temporelles et des comparaisons, la mise en relation avec les études existantes, le refus de tout sectarisme méthodologique, l'allègement du stress.

SOUS-SECTION **1**

Analyser les logiques au sein desquelles la recherche se situe

142 **Toute recherche s'inscrit dans un espace social.** Analyser l'espace social au sein duquel la recherche se situe me paraît indispensable afin d'éviter, autant que faire se peut, des aveuglements quant à ce qui pèse sur les recherches et toute illusion quant au caractère désincarné de la science. En effet, tout projet de recherche s'inscrit au sein d'un espace de tensions qui le travaillent et qu'il importe de tenter de mettre au jour, afin que ces logiques ne pèsent pas de manière trop prégnante sur la démarche de recherche. Reste que cette mise au jour est complexe et que nombre de ces logiques ne se révèlent qu'après coup.

143 **L'exemple de l'école « Freinet » de Mons.** J'ai ainsi écrit à diverses reprises que la recherche mise en place pour analyser ce qui se pratiquait à l'école de Mons et les effets produits était le produit de la rencontre de trois projets initialement différents : celui de membres de la Régionale de l'ICEM qui souhaitaient travailler ensemble dans une même école, celui de l'inspecteur de la circonscription qui cherchait des solutions pour « remonter » ce groupe scolaire dont la réputation était dégradée en raison de résultats scolaires problématiques et d'un climat d'incivilités[1], celui de l'équipe de recherche Théodile, intéressée par une expérience pédagogique singulière et cherchant à produire des connaissances à partir d'une entrée sensiblement différente de ses entrées (didactiques) habituelles.

Cela m'est apparu par la suite trop réducteur. En effet, d'une part, ces trois logiques étaient loin d'être unifiées. Ainsi, les logiques du collectif enseignant étaient multiples, au regard des événements qui ont suivi, des parcours professionnels ultérieurs et des entretiens que j'ai pu mener avec plusieurs de ces collègues. Il s'agissait, par exemple, du désir de se positionner au sein du mouvement Freinet, de tester les intérêts de cette pédagogie dans un milieu urbain en grande difficulté, ou encore du souhait de vivre une expérience intéressante avant de passer à un autre moment de sa carrière avec des fonctions différentes ou un autre statut. L'inspecteur était lui-même porteur de plusieurs logiques : « remonter » cette école, stimuler les écoles voisines, ouvrir des espaces de réflexion dans sa circonscription, évaluer la pertinence de cette pédagogie dans un tel environnement... Les logiques du collectif de chercheurs étaient, elles aussi, loin d'être uniformes : volonté de créer un espace d'interconnaissance et de dialogue afin de mieux souder l'équipe au travers d'un travail pluridisciplinaire commun, souhait de mieux comprendre les articulations entre disciplines et pédagogie, désir d'approfondir ses propres axes de recherche pour chacun des membres, désir de s'intégrer dans l'équipe de recherche pour les nouveaux arrivants, etc. D'autres logiques encore étaient à l'œuvre : celles du ministère et du rectorat qui « laissent faire », malgré leurs réticences, afin de remettre en marche, à peu de frais, une école devenue problématique, tout en montrant que l'institution demeure plus ouverte aux innovations qu'il n'y paraît, celles de certains cadres institutionnels qui, solidaires de cette expérience, la soutiennent en sous-main sans s'engager officiellement, etc.

Cette mise au jour très partielle n'éclaire cependant pas, loin de là, la manière dont ces logiques ont pesé sur les modalités même de la recherche. Ce travail doit encore être approfondi. Il reste notamment à comprendre, pourquoi et comment de multiples logiques, parfois antagonistes, permettent de travailler, comme cela a été le cas ici et comment et pourquoi, dans d'autres cas, cela aboutit à des tensions difficiles à surmonter et à des blocages.

1. Ce qui engendrait une baisse des effectifs susceptible d'entraîner la fermeture de classes.

144 **L'exemple de l'école Vitruve.** En ce qui concerne l'école Vitruve, le contrat qui fondait cette recherche s'est avéré relativement complexe car il juxtaposait plusieurs questions portées de manière plus ou moins explicite par les différents partenaires : demande initiale de l'équipe enseignante sur les pratiques de coopération et l'organisation collégiale, demandes de l'équipe CARDIE portant sur la mise en valeur et la socialisation possible des pratiques pédagogiques mises en œuvre, sur les justifications du poste de coordinateur et sur la dimension innovante/expérimentale de l'école[1]. J'ai donc été sollicité à la fois comme chercheur, comme expert et comme aide, ce qui a parfois entraîné des tensions entre ces différentes positions.

1. Avec un risque quant à la reconduction de la convention.

SOUS-SECTION **2**

Décrire de manière approfondie les fonctionnements instaurés

145 **La nécessité d'une description précise.** La précision descriptive des dispositifs et pratiques instaurés, loin de la pauvreté descriptive de certaines études, me semble indispensable afin de réfléchir à l'ensemble du système mis en place et aux relations possibles entre composantes, système et effets. Elle constitue aussi une précaution méthodologique nécessaire afin d'éviter de croire sur parole ce qui est dit des pratiques par les enseignants eux-mêmes, non par méfiance mais en raison des écarts structurels entre discours et pratiques, et aussi en raison des multiples façons d'incarner les mêmes principes, ce qui explique les variantes des pédagogies « Freinet »[1] ou de « projet » selon les lieux où elles sont pratiquées. Cela nécessite en tout cas de passer du temps sur place et de se donner les moyens d'observations précises.

1. Connac S. (dir.), *Les pédagogies Freinet. Origines, valeurs et outils*, *op. cit.*

SOUS-SECTION **3**

Croiser théories, méthodes et données

146 **Un gage de robustesse des résultats.** Le croisement des approches de recherche, des cadres théoriques et méthodologiques différents me paraît aussi un principe indispensable dans la mesure où l'éventuelle convergence des données obtenues selon des cadres théoriques et des méthodes de recueil, de transcription et de traitement différents peut être considérée comme un gage de robustesse des résultats obtenus.

147 **Croiser les techniques.** Les techniques de recueil sont multiples : documents des enseignants, des élèves et documents présents dans les classes (affiches, projets, etc.), productions des élèves, sollicitées ou non, observations (seul ou à plusieurs), déclarations sollicitées (questionnaires ou entretiens) ou non des enseignants, des élèves, des autres intervenants et, lorsque c'est possible, participation aux réunions de l'équipe. À l'intérieur de chacune de ces catégories, des modes de transcription différents peuvent être mis en place (par exemple, pour les productions écrites, respect ou non de la disposition, de la graphie, de l'orthographe ; pour les entretiens, prise en compte ou non des silences, de la tonalité, des hésitations) avec des conséquences non négligeables pour l'analyse et l'interprétation. Et divers modes d'« analyse » et d'« interprétation » peuvent être utilisés selon le cadre théorique au sein duquel on se situe.

148 **L'attention au « terrain ».** Dans le cadre de ces principes, il est encore intéressant de réfléchir aux questions suivantes. En ce qui concerne les observations, une part importante de ce qui se fait au sein des écoles « différentes » (ou non) échappe à l'observateur pour de multiples raisons. C'est pourquoi il me paraît important de veiller à la répétition des observations afin de mieux comprendre ce qui est structurel ou spécifique dans les séquences observées et de pouvoir saisir les relations établies entre les séquences par le maître et/ou les élèves. Il en est de même pour une durée conséquente des observations, afin aussi d'éviter des modifications, plus ou moins importantes, liées à la présence d'un observateur. En outre, la présence, lorsque c'est possible, aux conseils des élèves et aux réunions des enseignants et des parents est un outil précieux. Il en est de même pour l'attention particulière portée aux moments, plus ou moins décalés, hors enseignements ou réunions[1], moments où règnent une certaine détente et des relations moins conventionnelles qui peuvent parfois permettre de faire émerger d'autres formes de discours. En ce qui concerne les analyses de documents, l'accès, lorsque c'est possible, aux lieux de stockage et d'échange

d'informations et de documents entre enseignants est aussi très précieux lorsqu'on peut l'obtenir[2].

1. Cantine, récréations, arrivées à l'école ou sorties, réunions conviviales, etc.

2. Ainsi dans la recherche évoquée précédemment, sur un groupe d'enseignants en coformation, ceux-ci nous ont autorisé l'accès à leur Dropbox.

149 **Prendre en compte un maximum d'acteurs.** Toujours dans cette perspective, il me semble important de diversifier les catégories d'acteurs à solliciter pour décrire et comprendre ce qui est pratiqué et tenter de mieux cerner les fonctionnements et les effets produits. On s'en tient souvent aux élèves et aux enseignants. Cela est cependant loin d'être suffisant à mes yeux. C'est pour cela que j'ai toujours cherché à solliciter les diverses catégories d'acteurs : les maîtres, les élèves (quel que soit leur âge et cela dès la maternelle) avec une attention particulière à ceux qui viennent d'autres établissements (et qui peuvent donc comparer fonctionnements et effets), le personnel de service, souvent très affûté sur des effets tels que le plaisir des élèves, la politesse et le calme ou encore l'implication des enseignants, les intervenants à cheval sur plusieurs établissements (surveillants, psychologues, infirmières, professeurs de la Ville de Paris, etc.) qui peuvent donc, eux aussi, comparer pratiques et certains effets, les remplaçants dont l'exercice peut donner des informations sur la solidité ou l'efficacité des pratiques mises en place, notamment sur le climat et l'autodiscipline[1], les parents d'élèves (qui, parfois, eux aussi, en fonction de l'âge ou du nombre de leurs enfants, peuvent comparer l'établissement où se mène une expérimentation et d'autres établissements), les anciens élèves, les anciens parents d'élèves, les acteurs institutionnels (IEN, conseillers pédagogiques, CARDIE, maire, etc.), les collègues d'autres écoles ou établissements dans lesquels les élèves ont poursuivi ou poursuivent leur scolarité, les membres d'associations périphériques, d'autres chercheurs... Dans cette perspective, il est aussi très intéressant d'analyser les évolutions des acteurs (non enseignants et non élèves) quant à leurs attitudes initiales : ainsi les parents du groupe scolaire de Mons, au bout de quelques années, incitaient plus qu'auparavant leurs enfants à aller trouver les maîtres pour régler les problèmes rencontrés avec d'autres élèves. La sollicitation de ces multiples catégories d'acteurs me paraît en tout cas essentielle non seulement pour mieux comprendre les fonctionnements et les effets des pédagogies mises en place sur les élèves, mais aussi sur ces différentes catégories d'acteurs. Leur absence dans nombre de recherches, notamment celle des personnels de service, ne peut qu'interroger, outre les méthodes utilisées, la considération qu'on leur accorde.

1. Ces dimensions se maintiennent-elles ou non, lorsque ce ne sont pas les maîtres habituels ou lorsque les remplaçants ne recourent pas aux mêmes pratiques ?

SOUS-SECTION **4**

La pertinence de certains critères

150 **Des critères à considérer.** La multiplicité des dimensions[1] et des critères pris en compte permet de saisir, hors toute approche apologétique ou réductionniste, la différenciation des effets des pratiques instaurées.

Parmi les critères d'analyse, certains assez rarement employés me paraissent pourtant intéressants.

1. Rapport au travail, apprentissages disciplinaires, compétences disciplinaires et non spécifiquement disciplinaires, bien-être, civilité/incivilités, etc.

151 **Les spécificités du projet.** Le premier critère que je mettrai en avant porte sur les spécificités du projet mis en œuvre, c'est-à-dire en quoi il se différencie, d'une part, des formes ordinaires ou dominantes des pratiques pédagogiques, d'autre part, des autres innovations ou expérimentations.

152 **La cohérence entre principes et pratiques.** Le deuxième critère porte sur la cohérence ou les incohérences apparentes entre les principes affichés et les dispositifs instaurés : par exemple entre, d'un côté, la construction de l'esprit critique et de relations qui se veulent plus libres et, d'un autre côté, l'imposition discursive de valeurs[1] ; entre, d'une part, les conseils et l'autodiscipline des élèves et, d'autre part, le contrôle des maîtres ; entre la reconduction des dispositifs de travail et de fonctionnement et leur mise en interrogation. Ce critère ne doit cependant pas occulter, et c'est en cela que son maniement est complexe, que des contradictions ou des formes apparentes d'incohérences peuvent être des modalités de résolution de tensions incontournables.

1. Concernant la société, le vivre-ensemble, etc.

153 **Le sens des pratiques pour les acteurs.** Le troisième critère concerne le sens des pratiques pour les différents acteurs, les accords ou désaccords implicites ou explicites. C'est, par exemple, ce qui peut se produire en cas de violence subie et/ou ressentie par un élève. Ainsi, certaines interventions des enseignants renvoyant le traitement du problème aux structures de gestion et de médiation des conflits au nom de leur valeur éducative peuvent être ressenties par des élèves et leurs parents comme des manœuvres dilatoires, voire comme des formes de démission, laissant la victime démunie au moins pendant un certain temps.

154 **Les relations aux discours institutionnels.** Le quatrième critère, sur lequel j'insisterai ici, porte sur les relations aux discours officiels sur l'école et notamment les oppositions apparentes et les convergences réelles mais parfois refoulées par l'institution. J'ai ainsi écrit à plusieurs reprises,

qu'à mon avis, certaines pratiques mises en œuvre dans le cadre de pédagogies différentes répondaient bien mieux aux discours officiels (ou à leur habillage) que les pratiques pédagogiques classiques : je pense notamment à la construction de la citoyenneté, à l'autonomie, à l'esprit critique, etc.

155 **Les précautions interprétatives.** À cela s'articule la nécessaire vigilance quant à ces critères et aux résultats obtenus. Ainsi, une augmentation du sentiment de violence dans les discours des élèves peut être due non à l'augmentation des violences mais au déplacement des normes dans l'esprit des élèves[1]. Ainsi encore, une absence de respect apparent des consignes d'écriture peut être due non à un manque de compréhension mais à une analyse complexe de la part des élèves qui hiérarchisent différemment les éléments de la consigne donnée : « Raconte une soirée que tu as réellement vécue et qui t'a marqué »[2], en privilégiant soit le moment de la journée (la soirée), soit le poids émotionnel, lorsque ces deux éléments ne sont pas congruents.

1. Carra C. et Pagoni M., « Construction des normes et violences scolaires », *in* Reuter Y. (dir.), *Une école Freinet. Fonctionnements et effets d'une pédagogie alternative en milieu populaire*, *op. cit.*, p. 31-62.

2. Reuter Y., « Les récits sollicitant le vécu au CM2. Éléments d'analyse et de comparaison », *Repères* 2006, n° 34, « Écriture de soi et enseignement du récit », p. 111-139.

SOUS-SECTION **5**

Prendre en compte différentes temporalités

156 **Deux dimensions de la temporalité.** Les questions précédentes, concernant l'approche des pratiques et celle des effets, ne sont pas sans relation avec deux dimensions ayant trait à la temporalité qui me paraissent particulièrement importantes.

157 **L'importance de la durée de la recherche.** Je pense ainsi à la durée de la recherche (cinq ans pour Mons-en-Barœul, dix-huit mois pour Vitruve), dimension que j'ai déjà évoquée. Elle est nécessaire pour décrire et comprendre ce qui est mis en place. Elle est aussi un des signes du respect et de la position d'apprentissage du chercheur pour ce qui est mis en place, loin donc d'une posture de « tout sachant » ou d'inspecteur exigeant des justifications. Elle permet de spécifier des formes d'évolution (plus ou moins rapides, régressions, stagnations, accélérations, etc.) ainsi que des effets de seuil ou de plafond. Elle permet aussi de parer aux aléas de la vie sociale[1] et d'engager les approfondissements jugés nécessaires. Elle permet encore – et c'est fondamental – de faciliter la construction de la relation de confiance avec les maîtres et les élèves.

1. Cela a ainsi été le cas pour la recherche qui portait sur l'école de Mons avec, la seconde année, les grèves et manifestations contre les réformes des retraites ou encore un incendie entraînant le décès de parents et d'enfants de l'école.

158 Des moments « stratégiques ». La seconde dimension de la temporalité, à laquelle je pense, concerne les moments jugés stratégiques pour analyser des effets produits : avant, pendant, après (immédiatement après, en proximité ultérieure, bien plus tard[1], etc.) avec une préférence pour la diversité de ces prises de données. Cela sans oublier de tenir compte des types de progression mis en place (cumulative ou spiralaire), ce qui est rarement pris en compte dans les évaluations classiques.

1. Sur ces différentes possibilités : Bécousse G. et Jovenet A.-M., « Changement et continuité, l'entrée en classe de sixième », *in* Reuter Y. (dir.), *Une école Freinet. Fonctionnements et effets d'une pédagogie alternative en milieu populaire, op. cit.*, p. 63-88 ; Bergeron P., « La parole des anciens élèves comme éléments de l'évaluation d'une structure scolaire différente : l'exemple du lycée pilote innovant international de Jaunay Clan », *in* Hugon M.-A. et Viaud M.-L. (dir.), *Les établissements scolaires « différents » et la recherche en éducation. Problèmes méthodologiques et épistémologiques, op. cit.*, p. 135-141 ; Brito O., « L'influence de la pédagogie nouvelle à l'école primaire sur l'expression des habiletés sociales, relationnelles et scolaires au secondaire : une étude comparative », *in* Hugon M.-A. et Viaud M.-L. (dir.), *Les établissements scolaires « différents » et la recherche en éducation. Problèmes méthodologiques et* épistémologiques, *op. cit.*, p. 169-179 ; Colcanap P. et Masquelier V., « Être Vitruvien », *Cahiers pédagogiques* 2018, n° 547, « Des alternatives à l'école ? », p. 24-25 ; Pawlotsky I., « Le choix du récit de vie comme outil d'évaluation : le devenir des anciens élèves d'une école nouvelle », *in* Hugon M.-A. et Viaud M.-L. (dir.), *Les établissements scolaires « différents » et la recherche en éducation. Problèmes méthodologiques et épistémologiques, op. cit.*, p. 127-133 ; Peyronie H., « Quelles traces de leur scolarité chez d'anciens élèves de classes Freinet ? », *in* Peyronie H. (dir.), *Freinet 70 ans après. Une pédagogie du travail et de la dédicace ?*, 1998, Caen, PU Caen, p. 107-137 ; Ruellan F., *Un mode de travail didactique pour l'enseignement-apprentissage de l'écriture au cycle 3 de l'école primaire, op. cit.* ; Shankland R., *Pédagogies nouvelles et compétences psychosociales de l'apprentissage à l'école à l'entrée dans l'enseignement supérieur*, 2009, Paris, L'Harmattan.

SOUS-SECTION **6**

Diversifier les comparaisons

159 Les comparaisons sont nécessaires. Les comparaisons, lorsque cela s'avère possible, me paraissent tout aussi nécessaires pour contribuer à l'appréhension des relations entre pratiques et effets. Cela permet de ne pas confondre certaines caractéristiques avec des spécificités.

Ces comparaisons peuvent être effectuées entre moments temporels (avant/après le début de l'expérience, selon les années) et/ou entre groupes participant à la démarche (selon les milieux socioculturels, selon les genres, etc.) et/ou entre groupes d'élèves inscrits dans la pédagogie alternative considérée et groupes d'élèves inscrits dans d'autres pédagogies.

SOUS-SECTION **7**

Mettre en relation les études sur les mêmes objets

160 Un indicateur à ne pas négliger. Un autre principe d'analyse me semble résider dans la mise en relation des résultats de la recherche menée avec d'autres études existantes soit sur l'établissement, soit sur la pédagogie considérée, soit sur des pratiques (coopératives, par exemple) mises en œuvre dans ce cadre ou dans d'autres. La congruence ou non des résultats, d'une part, avec les autres études existantes sur l'établissement investigué, d'autre part, avec les autres recherches existantes sur les dispositifs ou les démarches mises en œuvre me paraît être un indicateur à ne pas négliger.

SOUS-SECTION **8**

Refuser tout sectarisme méthodologique

161 **Ne pas exclure des recherches.** Un principe, tout aussi important à mes yeux, est le refus de tout sectarisme méthodologique. Cela explique, qu'à la différence d'autres chercheurs, plus engagés de manière militante pour ces pédagogies « différentes », je ne vois pas pour quelles raisons, on devrait exclure *a priori* des recherches expérimentales, quantitatives ou non participatives. Il me semblerait dommageable de manifester un sectarisme symétrique à celui de certains expérimentalistes que j'ai pu critiquer dans les pages qui précèdent. Cela s'opposerait de surcroît au croisement des méthodes qui me paraît être une exigence importante.

SOUS-SECTION **9**

Alléger le stress lié aux évaluations

162 **Des évaluations vécues comme pesantes.** Il est généralement admis que, bien que nécessaires, les évaluations portant sur les innovations/expérimentations sont vécues comme « pesantes » par les acteurs concernés pour trois raisons au moins : elles demandent un travail conséquent qui vient s'ajouter au travail quotidien et constituent donc pour les acteurs une charge supplémentaire, elles sont aussi ressenties comme une marque de défiance de l'institution à leur égard dans la mesure où elles sont plus particulièrement imposées à « ceux qui bougent » et, surtout, elles sont lourdes d'enjeux puisque l'avenir du travail mené (et tout ce qui y est investi) peut être remis en question[1]. Elles sont en outre d'autant plus risquées que les critères « classiques » habituellement employés ne portent pas sur la spécificité de leur projet[2].

Il me semble donc important de réfléchir aux moyens de limiter ce stress. Par exemple, l'intérêt et le respect témoignés aux acteurs et à ce qu'ils mettent en place sont essentiels. Cela passe, entre autres, par l'écoute, le temps passé, les questions posées, etc.

1. Hugon M.-A. et Viaud M.-L. (dir.), *Les établissements scolaires « différents » et la recherche en éducation. Problèmes méthodologiques et épistémologiques, op. cit.*, p. 10.

2. Nordmann J.-F., « À école alternative, stratégie d'évaluation alternative », *in* Hugon M.-A. et Viaud M.-L. (dir.), *Les établissements scolaires « différents » et la recherche en éducation. Problèmes méthodologiques et épistémologiques*, *op. cit.*, p. 113-124.

SECTION **3**

Des propositions spécifiques aux pédagogies différentes ?

163 **Reste une question.** En quoi ces propositions méthodologiques devraient-elles être différentes de celles qui concernent l'analyse des pratiques « classiques » ? À mon sens, au moins deux réponses sont possibles. La première consiste à refuser toute différence au nom d'une volonté d'égalité de traitement et d'une croyance dans certaines techniques et méthodes qui seraient valables, quel que soit le système mis en place.

La seconde réponse propose de tenir compte de cinq différences au moins :

- la multiplication des garanties de scientificité pour les chercheurs qui travaillent sur les pédagogies alternatives paraît incontournable en l'état actuel des rapports de force dans certains champs scientifiques : il s'agit de se justifier là où d'autres n'ont pas à le faire et de parer aux critiques récurrentes d'empathie, voire de collusion[1], etc., même s'il est parfois difficile de lutter contre la mauvaise foi ;
- une vigilance symétrique est sans doute nécessaire quant aux slogans, plus répétés que construits et mis en débat, de certains thuriféraires des pédagogies différentes : voir ces répliques entendues ou lues : « on est tous chercheurs », « ce sont les recherches collaboratives les meilleures », « il faut se garder des démarches quantitatives »... La mise en débat signifie en l'occurrence l'acceptation de recherches qui ne soient pas ou peu collaboratives, parce que d'autres questions peuvent ouvrir des horizons aux praticiens, parce que cela peut permettre de comprendre en quoi il existe des différences entre recherches et réflexivité des praticiens, parce que cela permet aussi de solliciter les enseignants en tant qu'experts (dotés d'une parole compétente et pertinente mais à soumettre à un examen critique comme tout document de recherche) ;
- la notion de « plus-value » quant à ce qu'apporteraient des démarches différentes est sans doute à mettre en interrogation dans la mesure où la preuve de cette plus-value n'est pas demandée aux pratiques « classiques »[2] ;
- ne pas se limiter aux apprentissages disciplinaires considérés comme principaux mais prendre aussi en compte ce qui concerne l'expression,

la prise de risques, la conscience disciplinaire, le rapport à l'erreur, la disparition de problèmes « classiques » (malentendu communicationnel, oral limité, décrochage, violence, etc.) constitue encore une différence non négligeable ;
- ne pas en rester aux effets chez les élèves, *hic et nunc* mais prendre aussi en compte leurs trajets ultérieurs et ce qui se passe chez les autres acteurs impliqués dans la vie scolaire manifeste aussi une perspective sensiblement différente.

Le débat est donc ouvert.

1. Cela conforte à mes yeux la nécessité de la distance parfois nécessaire entre chercheurs et praticiens que j'évoquais précédemment.

2. Cette mise en discussion n'empêche nullement les comparaisons...

CHAPITRE 5

Un référentiel pour analyser des démarches pédagogiques différentes

164 Le référentiel : un outil de description et d'évaluation. Ce chapitre présente un référentiel possible pour décrire les fonctionnements des démarches différentes et cerner certains de leurs effets. Il se situe donc dans la continuité des recherches que j'ai évoquées dans les chapitres précédents mais aussi d'articles dans lesquels j'ai abordé centralement ces questions[1]. Il est plus précisément basé sur les analyses concernant l'école de Mons-en-Barœul et sur le référentiel que j'avais élaboré lors de l'étude menée sur l'école Vitruve. En effet, la question des modalités d'évaluation susceptibles de mettre au jour les intérêts et les limites de la pédagogie mise en place au sein de cette école était revenue de manière récurrente. À dire vrai, cette question revient avec insistance dès qu'un établissement ou un maître met en place des pratiques quelque peu différentes. Il semble bien qu'en France la justification soit alors indispensable, ce qui n'est pas le cas lorsque l'institution est en présence de pratiques « classiques ». Le changement est à justifier, le statisme peut s'en dispenser.

J'ai donc élaboré un outil de description et d'évaluation afin d'aider les équipes à mieux comprendre leurs points forts et leurs points de fragilité, outil qui soit appropriable par les différents acteurs et reproductible dans le temps, qui facilite des comparaisons entre pédagogies et établissements et qui favorise la communication entre les partenaires. Chacune des rubriques et chacun des indicateurs correspond à une décision méthodologique, d'autres décisions sont donc tout à fait possibles. Tout est modifiable en fonction des objectifs et des besoins : les rubriques, leur ordre, leur combinaison et leur autonomie. Libre à chacun s'emparer de ce référentiel comme il le souhaite.

1. Reuter Y. et Carra C. « Analyser un mode de travail pédagogique "alternatif" : l'exemple d'un groupe scolaire travaillant en pédagogie "Freinet" », *Revue française de pédagogie* oct.-nov.-déc. 2005, n° 153, « Décrire, analyser, évaluer les pédagogies nouvelles », p. 39-53 ; Reuter Y., « Les récits de fiction en dernière année du primaire. Éléments d'analyse et de comparaison selon les pédagogies », *in* Dufays J.-L. et Plane S. (dir.), *L'écriture de fiction en classe de français*, 2009, Namur, PU Namur, p. 69-85 ; Reuter Y., « Les récits sollicitant le vécu au CM2. Éléments d'analyse et de comparaison », art. cit.

SECTION **1**

Une histoire à comprendre

165 L'importance de l'histoire. L'enjeu consiste ici à mieux comprendre comment l'histoire a façonné ce qui existe, au travers des permanences, des évolutions, des crises, etc.

166 Les débuts de l'école Vitruve. Ainsi, par exemple, en ce qui concerne l'école Vitruve, la dimension expérimentale a présidé à la mise en place en 1962 d'une pédagogie spécifique dans plusieurs écoles de la circonscription par l'inspecteur Robert Gloton, par ailleurs membre du GFEN. Il s'agissait de lutter contre l'échec scolaire, marqué notamment par un taux de redoublement particulièrement important dans le XXe arrondissement de Paris[1]. Le cadre de référence était celui de l'éducation nouvelle[2].

1. Gloton R. (dir.), *À la recherche de l'école de demain. Le groupe expérimental de pédagogie active du XXe arrondissement de Paris*, *op. cit.* ; Gloton R., *Au pays des enfants masqués*, 1979, Tournai, Casterman.

2. Voire des proximités avec certaines des pédagogies critiques. Pour une présentation : De Cock L. et Pereira I. (dir.), *Les pédagogies critiques*, 2019, Marseille, Éditions Agone ; Guttierez L., Besse L. et Prost A., *Réformer l'école. L'apport de l'Éducation nouvelle (1930-1970)*, 2012, Grenoble, PU Grenoble ; Jacquet-Francillon F., « Principes et pratiques de l'Éducation nouvelle : des objets de recherche », *Revue française de pédagogie* 2005, n° 153, « Décrire, analyser, évaluer les pédagogies nouvelles », p. 5-12 ; Riondet X., Hofstetter R. et Go H.-L. (dir.), *Les acteurs de l'Éducation nouvelle au XXe siècle. Itinéraires et connexions*, 2018, Fontaine, PU Grenoble.

167 Les transformations à l'œuvre. L'adoption d'une perspective historique permet d'étudier si une véritable dynamique est toujours à l'œuvre, ce qui s'est avéré être le cas à Vitruve loin du figement que certains discours évoquaient[1]. Ainsi, ce qui semble avoir existé depuis les origines à Vitruve a parfois mis longtemps à s'établir : le conseil d'école, les classes vertes, la démarche de projet, la braderie, la coordination enfants, les « plaintes »[2], etc. De façon complémentaire, de nombreux dispositifs ont été abandonnés[3] ou modifiés : le conseil d'école des enfants, sa prise en charge et son suivi, les assemblées générales, remplacées par des réunions de divers types (de groupe de projet, de groupe d'âge, d'étage, d'école). Le fonctionnement collégial de l'équipe enseignante a aussi été modifié avec la précision de la fonction de médiateur et une redéfinition des règles qui président aux échanges. Il en est de même avec les modes de gestion des conflits et l'importance accordée aux dispositifs multi-âges, la réflexion sur la mise à distance émotionnelle et le dépassement de la singularité des éléments du conflit. Les projets de groupes se renouvellent chaque année, la place donnée au numérique est plus importante... Il convient encore de noter que les enseignements disciplinaires ont changé de forme, notamment en ce qui concerne la lecture, les mathématiques et la grammaire, très marquées au début par les théories ensemblistes, ce qui n'est plus le cas aujourd'hui. De surcroît le socle des références pédagogiques s'est modifié : les références explicites aux techniques du GFEN et de la pédagogie Freinet, très importantes au début de l'expérimentation, sont bien moindres aujourd'hui.

1. Il convient en l'occurrence de rappeler que cette expérimentation concernait 20 classes à la rentrée de 1962 et 34 classes en 1968.

2. Sur tous ces points, voir les ouvrages et articles de Agostini P. et a., *Vitruve-Blouse*, 1986, Paris, Éditions Syros ; Bouchard P. (dir.), *Innovation École. De la maternelle au lycée, op. cit.* ; Cohn-Bendit G., *Pour une autre école. Repenser l'éducation, vite !, op. cit.* ; Comité de liaison pour l'éducation nouvelle, *L'école nouvelle témoigne*, 1970, Paris, Colin, Bourrelier ; Delbet G., *Vitruve : rassemblée générale*, 2019, Saint-Étienne-de-Fougères, Les Éditions du bord du Lot ; École Vitruve, *En sortant de l'école*, 1978, Tournai, Casterman ; Équipe Vitruve, « Autogestion, cogestion, digestion », *in* Boumard P. et Lamihi A. (dir.), *Les pédagogies autogestionnaires*, 1995, Paris, Éditions Ivan Davy, p. 171-189 ; Équipe Vitruve, « Vitruve, quarante ans d'expérience », *in* Bouchard P. (dir.), *Innovation École ! De la maternelle au lycée*, 2001, Paris, Éditions Autrement, p. 319-330 ; Gloton R. (dir.), *À la recherche de l'école de demain. Le groupe expérimental de pédagogie active du XXe arrondissement de Paris, op. cit.* ; Gloton R., *Au pays des enfants masqués, op. cit.* ; Serrero F., *Jean-Marc Houzet, instituteur à l'école Vitruve. Entretiens et analyse de pratiques*, 2009, Paris, L'Harmattan.

3. Il est parfois difficile de faire la part entre choix et décisions imposées (par exemple, par les évolutions des contraintes légales, voir le plan Vigipirate).

168 **Les relations avec les structures éducatives et de recherche.** D'un point de vue historique, il convient aussi d'analyser les relations avec les instances de l'éducation ou les structures de recherche. Ainsi, cette école, reconnue comme établissement expérimental en 1972, a continué à pratiquer une pédagogie alternative, axée notamment sur les projets, avec une reconnaissance par intermittence, mais finalement régulièrement renouvelée, de l'Éducation nationale et notamment de ses acteurs ou institutions les mieux formés aux questions de l'innovation/expérimentation. L'école Vitruve a été ainsi école expérimentale associée à l'INRP jusqu'en 1980. Certains de ses membres ont participé aux commissions chargées de l'innovation, y compris au Conseil national de l'innovation pour la réussite scolaire. Une coopération a aussi existé en 1988 avec Jean Ferrier, directeur des écoles, avec le suivi d'un panel d'enfants après leur cursus à Vitruve (1984-1991[1]). La MAI de Paris en 2006 a aussi reconnu le projet expérimental, autour de l'organisation collégiale, et de la pédagogie du projet. À cela, il convient encore d'ajouter la reconnaissance du Musée de l'éducation avec l'accueil d'un fonds de documents de l'école et sa mise en valeur au travers d'expositions consacrées aux pédagogies alternatives.

1. Cela a permis d'étudier le devenir scolaire de deux cent quarante élèves : ils sortent plus jeunes, les résultats sont identiques à ceux des élèves issus des classes supérieures, ils sont plus nombreux à passer en quatrième à l'heure ou en avance.

169 **La pérennité de l'école.** J'ajouterais volontiers que, de manière paradoxale, la survie de l'école – alors que bien d'autres expérimentations, y compris dans des lieux proches n'ont pas survécu[1] – constitue un fait singulier qui, en soi, mérite d'être analysé par ceux qui se lancent dans les expérimentations ainsi que par ceux qui les accompagnent. Il me semble que l'articulation entre héritage pédagogique (principes fondamentaux, dispositifs essentiels, etc.) et appropriation, voire remise en cause

par les nouveaux arrivants est intéressante à explorer si on ne souhaite pas que les expérimentations s'épuisent trop rapidement.

1. Les autres écoles mises en place dans le XXe arrondissement par l'inspecteur Gloton n'ont pas conservé cette dimension expérimentale.

SECTION **2**

Les caractéristiques des démarches instaurées

170 **Les différences avec la « forme scolaire » classique.** Ces spécificités portent en premier lieu sur les différences avec la « forme scolaire » classique. Par exemple, en ce qui concerne l'école Vitruve, on pourrait retenir la construction d'une communauté scolaire qui excède, d'une part, les classes et, d'autre part, le binôme enseignant-élèves (l'importance conférée à l'école et aux grands groupes est ainsi réellement atypique[1]), la progression spiralaire, des pratiques coopératives généralisées, ainsi que les responsabilités et le pouvoir confiés aux élèves, l'importance accordée au « vivre ensemble », à la médiation et à la citoyenneté et, notamment la lutte contre les discriminations, avec l'accent porté sur la mixité et sur l'inclusion, l'importance de la construction de la communauté éducative, l'ouverture de l'école sur le monde extérieur, les projets qui structurent la vie scolaire et les apprentissages, la volonté d'instaurer au sein de l'école une « vraie vie » et le nombre impressionnant d'événements réalisés.

1. « [...] l'école Vitruve n'est pas une somme d'instituteurs gérant une somme de classes séparés mais fonctionne, invente, recherche, essaye comme un ensemble cohérent. Pour parler de Vitruve il ne faut plus raisonner en termes de classes pédagogiques mais en termes d'école. Il n'y a pas à proprement parler (bien que nous en fassions aussi) de projet d'école : l'école est un projet » (Équipe Vitruve, « Autogestion, cogestion, digestion », art. cit., p. 173).

171 **Les singularités par rapport à d'autres démarches « différentes ».** Les spécificités portent complémentairement sur les singularités par rapport à d'autres démarches différentes. Par exemple, toujours en ce qui concerne l'école Vitruve, on pourrait mentionner des techniques issues de différents lieux pédagogiques, le fonctionnement en système, l'importance des projets et des classes vertes, l'accent porté sur l'école comme unité pédagogique, la longévité, etc.

172 **Les intérêts des démarches.** Pour les différents acteurs de la communauté éducative. Voir les points suivants.

Pour l'institution scolaire. Par exemple, rendre possibles l'expérimentation de traitements différents des problèmes et des comparaisons entre démarches, apporter de l'instrumentation en formation, constituer une vitrine pour l'international, etc.

Pour les recherches. Par exemple, rendre possibles l'analyse des traitements différents des problèmes et de leurs effets ainsi que des comparaisons entre démarches.

173 **La cohérence entre les principes et les pratiques.** La plus ou moins grande cohérence entre les principes et les pratiques porte, par exemple, sur la présence, la diversité et la fréquence des dispositifs de travail coopératif entre élèves et entre enseignants, la fréquence et la durée des réunions, des dispositifs de coenseignement, la présence, la diversité et la fréquence des dispositifs de médiation, etc.

SECTION **3**

L'établissement : description et effets des démarches instaurées

SOUS-SECTION **1**

L'attractivité

174 **Inscriptions/départs.** Y a-t-il perte ou non d'inscriptions dans le secteur, quel est le nombre de demandes d'inscription de parents hors secteur, existe-t-il des départs prématurés ou non, etc.

175 **Sollicitations.** Plus ou moins grande importance de visites de responsables de l'éducation des pays étrangers, de demandes de visites de la part d'étudiants, de stagiaires, de chercheurs, de média, d'organismes éducatifs, de demandes de contacts de responsables de réseaux REP+ et d'autres écoles, de professeurs de collège, etc.

176 **Documentation sur l'école.** Plus ou moins grand nombre d'articles et de documents sur l'établissement qui est considéré ou non comme une des références dans les discours sur les pratiques alternatives. Ainsi, en ce qui concerne l'attractivité, on peut noter, dans le cas de l'école Vitruve, le nombre important de documents produits par l'équipe enseignante et certains de ses membres ou écrits à propos de l'école (voir les références bibliographiques de cet ouvrage), nombre de communications, plusieurs articles dans la revue *Les Cahiers pédagogiques*,

ou encore des films, par exemple, Jean-Michel Carré : *Votre enfant m'intéresse* (1981, Les Films Grains de Sable), Jean-Michel Carré et Danièle Lacoste : *On n'est pas des Minus* (1981, Les films Grain de Sable), Richard Hamon : *Une école de la République* (2003, Mosaïque films), Maud Girault et Jonathan Duong : *On ne peut pas faire boire un cheval qui n'a pas soif* (2010, Olam Productions), Caroline Barrault : *À nous l'école* (2018, CEMEA). Cette documentation participe ainsi d'une reconnaissance nationale et internationale plus ou moins importante : de l'UNESCO (l'école appartient au réseau des écoles associées de l'UNESCO), de chercheurs (voir les stages avec Lobrot ou Dienes, les cours des chercheurs en éducation à Paris 8[1], les échanges avec Boumard, Cyrulnik, ou Foucambert, les collaborations avec Gérard Chauveau et le CRESAS ou avec le BELC dans les années 1970, les articles, les communications, les thèses, etc.), d'experts sur les pédagogies alternatives (ateliers dans des journées d'étude, articles dans des revues, présentations et analyses dans des ouvrages), de pays étrangers (collaboration avec des chercheurs japonais, demandes et visites de délégations étrangères), d'organismes para/périscolaires (FESPI, CEMEA, etc.), etc.

De la même manière, on peut noter le nombre important d'articles, de rapports et de documentaires sur l'école Freinet de Mons avec, là encore, des visites de délégations étrangères et des invitations à l'étranger, par exemple, dans des universités au Japon. Tout cela semble confirmer qu'il est parfois plus facile d'être reconnu à l'étranger qu'en France.

1. À partir de 1972 et pendant dix ans, l'équipe a assuré une charge de cours à Paris 8.

SOUS-SECTION **2**

L'essaimage

177 **De dispositifs.** Reprise ou non par d'autres établissements des dispositifs instaurés, par exemple, des formes de médiation mises en place en cas de conflits.

178 **De cursus complémentaires aux alentours.** Création ou non de cursus complémentaires pour permettre la continuité des études des élèves dans le cadre pédagogique instauré, par exemple, à Mons-en-Barœul, dans un collège avoisinant.

SOUS-SECTION **3**

L'inclusion

179 Accueil d'élèves considérés comme « différents ». Accueil, prise en compte et accompagnement ou non d'enfants envoyés par d'autres écoles en raison de leurs problèmes : absence de marginalisation de ces élèves, pratiques systématiques d'intégration des « élèves différents » dans les activités communes, accompagnement le plus longtemps possible malgré des difficultés, etc.

180 Offre de pratiques concernant les élèves à besoins spécifiques à tous les élèves. Si cette offre existe, en quoi consiste-t-elle ? Par exemple, une proposition d'enseignement de la langue des signes pour tous les élèves.

181 Intégration plus ou moins satisfaisante du personnel « spécialisé ». Cela concerne, par exemple, AVS, psychologue, maîtresse E...

182 Importance et qualité de la mise en place de programmes et projets personnalisés. Cela concerne, par exemple, les programmes d'accompagnement personnalisés (PAP), les projets d'accueil individualisés (PAI) et les programmes personnels de réussite éducative (PPRE), etc.

SOUS-SECTION **4**

Le climat scolaire[1]

183 Entrées/sorties. Plus ou moins grand calme et plus ou moins grande convivialité entre les différents acteurs lors des entrées ou des sorties de l'établissement.

1. Sur cette question entre autres : Debarbieux E. et a., *Le « Climat scolaire » : définition, effets et conditions d'amélioration*, rapport au Comité scientifique de la direction de l'enseignement scolaire, 2012, Ministère de l'Éducation nationale. MEN-DGESCO/Observatoire international de la violence à l'école ; Murat F. et Simonis-Sueur C. (dir.), « Climat scolaire et bien-être à l'école », *Éducation et formations* déc. 2015, n°s 88-89.

184 Violences. Violences intérieures/extérieures plus ou moins importantes que dans d'autres écoles, objets sur lesquels portent les « plaintes » (violences ou injures « classiques » ou travail), mise en place ou non de dispositifs de médiation et de gestion des incivilités et intégration de ces dispositifs par les élèves.

185 Relations entre les élèves. Qualité des relations entre les âges (dispositifs de tutorat, dispositifs de travail en commun et d'entraide), qualité des relations entre garçons et filles[1], interconnaissance (nombre de prénoms connus et nombre d'invitations aux fêtes), présence ou non de harcèlement et modes de traitement au niveau de l'école, présence ou absence de phénomènes de bouc émissaire ou de stigmatisation des élèves qui travaillent.

1. Par exemple, des élèves de l'école Vitruve ont été surpris, lors du passage au collège, par la distance existante entre garçons et filles, d'élèves venus d'autres écoles.

186 **Relations entre élèves et enseignants.** Interconnaissance plus ou moins importante (les enseignants connaissent les élèves et s'adressent à tous, les élèves connaissent tous les enseignants et s'adressent à tous), présence ou absence de crainte particulière ou de relations personnelles difficiles.

187 **Relations entre les élèves et les autres adultes de l'école.** Nature de l'interconnaissance (voir ci-dessus), absence de crainte particulière ou de relations personnelles difficiles, respect des élèves pour les autres adultes intervenant dans l'école.

188 **Relations entre les enseignants et les parents.** Interconnaissance plus ou moins importante (voir ci-dessus), qualité des relations (écoute, disponibilité, possibilité de prendre des initiatives, etc.).

189 **Relations entre les enseignants et les autres intervenants.** Importance et diversité des relations avec des intervenants extérieurs (chercheurs, experts, commerçants, associations, anciens élèves, anciens parents d'élèves, etc.).

SOUS-SECTION **5**

L'ouverture de l'école

190 **Importance des relations avec l'environnement sociétal.** Plus ou moins grand nombre de relations.

191 **Diversité des modalités.** En proximité (chercheurs, experts, commerçants, associations, anciens élèves, anciens parents d'élèves, etc.), au-delà du quartier (aux niveaux académique, national ou international).

SECTION **4**

Les enseignants : description et effets des démarches instaurées

SOUS-SECTION **1**

Le développement professionnel

192 **Développement de compétences d'enseignement.** Maîtrise plus ou moins marquée et affinement de dispositifs diversifiés, capacités d'analyse des pratiques, du travail ainsi que des comportements et des performances des élèves, développement de connaissances quant aux différents niveaux du cursus et de compétences de travail en équipe (nombre de co-interventions, de préparations communes, de *debriefing*), socialisation du travail entre les maîtres.

193 **Développement de compétences excédant l'enseignement *stricto sensu*.** Développement plus ou moins marqué de compétences administratives, de gestion de réunions, d'interventions publiques, de contacts avec des partenaires extérieurs, d'écriture d'articles, développement de compétences de prise de notes et d'écriture collaborative, développement de compétences d'écoute, etc.

SOUS-SECTION **2**

Le rapport au travail

194 **Orientation du rapport au travail.** Désir ou non de changer d'école, qualité des relations au sein de l'équipe, importance de l'absentéisme, etc.

195 **Investissement.** Fréquence et durée des réunions de concertation, présence ou non sur l'ensemble des temps éducatifs, suivi ou non des élèves au-delà de l'école (participation des maîtres aux conseils de classes des établissements où sont allés les élèves par la suite, constitution de documents de suivi de cohorte), etc.

196 **Solidarité.** Plus ou moins grande solidarité notamment dans le partage des tâches communes. Par exemple, les charges de la coordination, l'accueil collectif des enfants et des parents le matin et le soir, la présence aux réunions, la discussion de problèmes, de cas particuliers en tant que problèmes du collectif, la disponibilité pour aider les nouveaux arrivants et les remplaçants et, si nécessaire, la mise en place pour eux de modalités de travail intermédiaires entre les fonctionnements spécifiques de l'école et les fonctionnements classiques, la présence d'outils communs (classeurs avec des documents accessibles à tous), la fréquence des co-interventions, des préparations et *debriefings* communs, l'écoute mutuelle, etc.

SOUS-SECTION **3**

La dimension réflexive

197 **Rapports entre l'héritage et le questionnement.** Qu'en est-il des lectures et des échanges autour des documents liés à l'histoire de l'école, de l'écoute des apports des anciens et des nouveaux, de l'expression possible des doutes, des discussions sur les dispositifs pédagogiques lors des réunions, de l'évolution des dispositifs (abandons, modifications, créations), des échanges d'articles sur les outils communs de l'école, des discussions autour des conférences auxquelles les membres de l'équipe ont assisté, etc.

198 **Modalités des échanges « externes ».** Existe-t-il des discussions avec d'autres intervenants ou dans des colloques et congrès, des rencontres avec des maîtres d'autres écoles pour échanger sur les pratiques, etc.

SOUS-SECTION **4**

Le rapport au référentiel des compétences professionnelles

199 **Les relations au référentiel.** Les relations sont-elles plus ou moins importantes avec le référentiel des compétences professionnelles des métiers du professorat et de l'éducation ?

SECTION **5**

Les autres intervenants : description et effets des démarches instaurées

SOUS-SECTION **1**

Le rapport à l'équipe et à l'école

200 **Intégration.** Sentiment d'intégration plus ou moins important. Sentiment ou non d'être informé, d'être écouté, de pouvoir participer de ces intervenants[1], de pouvoir prendre des initiatives et de construire des projets, participation possible aux réunions, défense ou non de l'école, envie ou non de changer d'école, etc.

1. Par exemple, remplaçants, AVS, psychologue scolaire, maître E, surveillants, professeurs de la ville de Paris, bibliothécaire, etc.

201 **Respect.** Sentiment ou non d'être respecté par les enseignants et les élèves et, en cas de problème, soutien et interventions plus ou moins rapides des maîtres, etc.

SOUS-SECTION **2**

Le rapport au travail

202 **Facilitation du travail.** Sentiment ou non que le travail est facilité, par exemple, modulation possible de l'organisation, facilitation par les dispositifs (réunions/médiations/conseils), présence et soutien des maîtres, mise en place de dispositifs de transition pour aider les remplaçants, sentiment d'une valorisation du travail, etc.

203 **Nature de l'investissement.** Excédant ou non une implication strictement contractuelle : par exemple, participation aux voyages, aux classes vertes, aux projets, etc.

SECTION **6**

Le personnel administratif et technique : description et effets des démarches instaurées

SOUS-SECTION **1**

Le rapport à l'équipe et à l'école

204 **Intégration.** Sentiment d'intégration plus ou moins important. Par exemple, sentiment d'être écouté et d'avoir de l'autonomie (de pouvoir prendre des initiatives), défense de l'école, absence de désir de changer d'école, etc.

205 **Respect.** Sentiment d'être plus ou moins respecté, que ce soit par les élèves et les enseignants : marques d'attention, de politesse, etc.

SOUS-SECTION **2**

Le rapport au travail

206 **Facilitation du travail.** Modulation possible ou non de l'organisation, possibilité ou non de prendre des initiatives, présence et soutien ou non des enseignants en cas de problème, etc.

207 **Nature de l'investissement** Excédant ou non une implication strictement contractuelle : intérêts pour la pédagogie mise en place et les projets, participation à des dispositifs de médiation, aide à la production d'écrits des élèves, etc.

SECTION **7**

Les parents d'élèves : description et effets des démarches instaurées

SOUS-SECTION **1**

L'appréciation du vécu scolaire de leur enfant

208 **Orientation du rapport à l'école.** Sentiment que l'école est ou non agréable à son enfant. Il y va avec plaisir, il aime ce qu'il fait (il refait le travail à la maison), les enfants parlent de ce qu'ils font à l'école et souhaitent parfois transférer des pratiques (débats, conseils, etc.) dans leur famille, etc.

209 **Travail et apprentissages.** Sentiment plus ou moins marqué qu'il travaille et qu'il apprend. Insistance sur des domaines spécifiques liés aux matières scolaires ou sur des compétences « transversales » (l'autonomie, le sens de l'organisation), etc.

210 **Sécurité.** Sentiment qu'il est ou non en sécurité (physique et psychologique). Par exemple, absence de stigmatisation en cas de difficultés, traitement des problèmes par des dispositifs de médiation, etc.

211 **Préparation à la suite du cursus.** Sentiment qu'il est plus ou moins préparé pour la suite de la scolarité. Marques d'inquiétude (cours particuliers, etc.) ou non. De fait, il peut exister dans les écoles primaires « différentes » une ambivalence chez certains parents marquée, par exemple, par l'imposition de travaux complémentaires donnés à leur enfant à la maison. Cette ambivalence se nourrit de la comparaison avec les autres écoles où du travail à la maison est donné aux élèves (en dépit de la réglementation en vigueur) et de certains discours ambiants. Il convient cependant de la relativiser tant cette inquiétude et ces compléments de travail dans les familles sont fréquents, quels que soient l'établissement et la pédagogie pratiquée[1].

1. Par exemple : Bécousse G. et Jovenet A.-M., « Changement et continuité, l'entrée en classe de sixième », *op. cit.*

SOUS-SECTION **2**

L'information reçue

212 **Disponibilité des enseignants.** Sentiment de disponibilité des enseignants. Échanges plus ou moins possibles à l'entrée et à la sortie de l'établissement

(tous les maîtres sont là ?), plages de rencontres plus ou moins faciles sans rendez-vous, temps d'attente plus ou moins réduit pour des échanges formels, etc.

213 **Informations sur l'établissement et les activités.** Fréquence et quantité plus ou moins importante, plus ou moins grande diversité : journal mensuel, échanges, réunions d'information organisées pour les parents des futurs élèves et les parents des enfants qui partent en voyage ou en classe verte, etc.

214 **Informations sur les apprentissages.** Fréquence plus ou moins importante : nombre de bilans communiqués aux parents dans l'année, diversité (possibilités d'échanges formels et informels), etc.

SOUS-SECTION **3**

Le rapport à l'école

215 **Sentiment d'intégration.** Sentiment plus ou moins marqué en relation à l'ouverture ou non des réunions de conseil d'école et à la sollicitation plus ou moins systématique de l'avis des parents par des questions, bulletins d'information plus ou moins réguliers, contacts plus ou moins faciles avec les enseignants, nombre de réunions, d'ateliers ou d'événements auxquels les parents sont conviés, possibilité ou non d'organiser des réunions et des événements (voir, à l'école Vitruve, l'accueil des enfants de retour de classe verte ou les échanges entre parents pour envoyer des colis collectifs, etc.)[1].

1. Des microconstats complémentaires sont aussi intéressants : par exemple, l'entrée progressive dans la cour de l'école de certains parents de milieu populaire, hésitants en début d'année...

216 **Investissement.** Plus ou moins important que l'investissement habituel des parents dans d'autres écoles : prise d'initiatives, diversité des tâches (accompagnement, préparation, animation de fêtes et d'événements et participation à ceux-ci), participation à des ateliers avec des élèves et d'autres parents, à des projets, à des réunions et à des conseils d'école, échanges avec les enseignants, réalisations matérielles, coopération entre eux (écriture de lettres pour les parents qui n'écrivent pas le français), activités « autonomes » (par exemple, chorale des parents), organisation et participation à certains temps d'accueil spécifiques, etc.

SOUS-SECTION **4**

Les effets ultérieurs

217 **Investissement dans des structures scolaires.** Investissement plus ou moins conséquent dans les établissements où leur enfant poursuit ses études...

218 **Participation aux activités de l'établissement.** Participation maintenue ou non aux activités organisées dans l'établissement, même quand leur enfant a quitté l'école.

SECTION **8**

Les élèves : description et effets des démarches instaurées

SOUS-SECTION **1**

Le rapport à l'école

219 **Orientation du rapport à l'école.** Rapport plus ou moins positif à l'école. Par exemple, plaisir d'aller à l'école, taux d'absentéisme faible, horaires appréciés, cartables plus légers que dans d'autres écoles, stress moindre[1], absence d'appréhension des erreurs, moins de devoirs, moins d'exercices « pour faire des exercices », évaluation bienveillante, parole des enfants prise en compte, entraide, sentiment d'autonomie, sentiment de liberté, sentiment de pouvoir s'exprimer, possibilité de s'organiser entre élèves, responsabilités (reconnaissance d'un statut[2]), implication dans des projets, possibilité plus ou moins importante de partir en classes vertes ou en voyages scolaires, sentiment d'une vie scolaire non figée[3], nombreux jeux dans la cour, multiples événements (fêtes et spectacles), bien-être[4] : pas de souffrances ajoutées (les élèves peuvent parler entre eux à certains moments, poser des questions, bouger, adopter différentes positions, aller aux toilettes, boire, etc.), pas de sentiment d'ennui ou de sentiment d'échec, bons souvenirs (les anciens élèves aimeraient y revenir : ils se sentent moins libres après), ils ne regrettent pas d'avoir été dans cette école[5], ils se retrouvent par la suite (fréquence d'amitiés durables), etc.

1. Une ancienne élève de l'école Vitruve évoque l'oubli de son cartable à plusieurs reprises tant elle trouvait agréable d'aller à l'école : « Je partais l'esprit léger. » Cela ne lui est plus arrivé dans la suite de sa scolarité... Il convient encore de noter que, dans cette école, le départ en classe verte est préparé par des séances où les élèves peuvent poser toutes les questions qu'ils souhaitent et faire part de leurs inquiétudes aux maîtres et aux élèves qui y sont partis les années précédentes.

2. « On a une place dans la société », dit, par exemple, un ancien élève de l'école Vitruve.

3. « L'école évolue à chaque conseil d'école », dit encore un autre ancien élève. Cela contribue au sentiment d'avoir une prise sur sa vie.

4. Sur le bien-être, par exemple : Bergugnat L., Dugas E. et Malet R. (dir.), « Le bien-être à l'école : un processus de production du bien-être ? », *Recherche et Éducations* juin-oct. 2019, t. 1, n° 17 ; Bergugnat L., Dugas E. et Malet R. (dir.), « Le bien-être à l'école : un processus de production du bien-être ? », art. cit., t. 2.

5. Une ancienne élève déclare : « Ça a été mes plus belles années. »

220 **Sécurité.** Sentiment qu'il y a plus ou moins de violence que dans d'autres écoles, présence ou non d'inquiétude particulière dans la cour, les couloirs ou les toilettes.

221 **Climat.** Tensions manifestes ou non entre élèves d'âges différents ou entre les filles et les garçons[1], des élèves en difficulté comportementale se calment progressivement ou non, etc.

1. Ainsi, à l'école Vitruve, les effets du travail sur les relations entre les genres se retrouvent, par exemple, lors d'un débat au sein d'un groupe qui montait un spectacle en référence aux chevaliers de la Table ronde : Arthur pouvait-il être une fille ? Finalement, Arthur est resté un garçon en raison du prénom et de la référence à l'histoire mais la parité serait respectée pour les autres personnages de l'histoire. Voir aussi la présence ou non de filles jouant au foot dans la cour.

222 **Intégration.** Sentiment d'appartenance (être écouté/accepté) plus ou moins marqué. Connaissance ou non de tous les maîtres (on peut s'adresser à eux et pas simplement à l'enseignant de sa classe, sentiment ou non de connaître la majorité des élèves de l'école[1]), participation (tutorat, accompagnement), aides apportées aux nouveaux arrivants, etc.

1. Une ancienne élève signale le nombre important d'élèves, de différents âges, invités aux anniversaires.

223 **Respect.** Sentiment plus ou moins important de vivre dans un collectif démocratique et de voir ses droits respectés. Fréquence des conseils d'école, sentiment de ne pas être traités comme des « inférieurs », sentiment de justice (plaintes et médiations), etc.

SOUS-SECTION **2**

Le rapport au travail

224 **Investissement dans le travail.** Les élèves en font-ils plus ou non que ce qui est demandé ? Par exemple, dans les exercices, vont-ils au-delà de la consigne, refont-ils des exercices chez eux sans que cela leur soit imposé...

225 **Comportements.** Les élèves sont caractérisés, comparativement à d'autres écoles, par les intervenants comme plus ou moins curieux et autonomes, partants pour découvrir de nouvelles choses.

226 **Conscience de l'intérêt du travail.** Les élèves construisent ou non une relation explicite entre travail et apprentissages...

227 **Participation.** Les élèves participent plus ou moins que dans d'autres écoles : pas de peur de répondre, pas de peur de l'erreur (pas de stigmatisation en cas d'erreur).

SOUS-SECTION **3**

Les apprentissages disciplinaires

228 **Sens des apprentissages.** Les apprentissages font plus ou moins sens en relation ou non avec les modes de fonctionnalisation des situations et des pratiques[1].

1. Ainsi l'entrée dans l'écrit peut être fonctionnalisée par le désir d'appartenir à la communauté scolaire et d'assumer des responsabilités, les mathématiques peuvent être pratiquées en relation avec des problèmes économiques et éthiques concrets : gestion des voyages et des événements, gestion des responsabilités, etc.

229 **Pratiques disciplinaires.** Les élèves sont amenés à argumenter et à expliquer plus ou moins fréquemment : à l'écrit[1] et à l'oral (les compétences à oral peuvent être travaillées au travers de la multiplicité des situations les mettant en jeu et il est intéressant de voir si les pratiques de l'école ont permis aux élèves de prendre la parole et de s'exprimer, y compris avec des personnes non connues auparavant ; capacités de calcul et capacités « économiques » : construction de budgets). Sur ces questions disciplinaires, il est intéressant de varier au maximum les domaines investigués ainsi que les critères[2].

1. *Via* les pratiques fonctionnalisées à l'écrit (par exemple, les bulletins de la coordination) et à l'oral (explications des coordinateurs aux plus jeunes).

2. Voir ce que nous avons réalisé lors de notre recherche sur le groupe scolaire de Mons-en-Barœul et, par exemple, ce que j'avais mis en place sur la production écrite (Reuter Y., « Les récits sollicitant le vécu au CM2. Éléments d'analyse et de comparaison », art. cit. ; Reuter Y., « Enseignement et apprentissages de l'écrit », *in* Reuter Y. [dir.], *Une école Freinet. Fonctionnements et effets d'une pédagogie alternative en milieu populaire*, *op. cit.*, p. 129-157 ; Reuter Y., « Les récits de fiction en dernière année du primaire. Éléments d'analyse et de comparaison selon les pédagogies », art. cit.).

230 **Relations avec le socle commun de connaissances, de compétences et de culture.** Quelle est l'importance de ces relations ?

SOUS-SECTION **4**

Les apprentissages liés à la citoyenneté

231 **Fonctionnement des pratiques d'apprentissages.** Plus ou moins grande diversité de ces pratiques : établir et faire évoluer les règles, réfléchir aux dispositifs de représentation et de vote, exercice d'une justice formelle, nombre de responsabilités exercées qui sont des services à la collectivité[1] ; développement des compétences liées à la citoyenneté, exercice

d'une justice formelle. Ces pratiques sont-elles épisodiques ou structurelles ? S'agit-il ou non d'un apprentissage à la citoyenneté *par* la citoyenneté ?

1. Tous les élèves de l'école ont-ils pu exercer des responsabilités pendant l'année ?

232 **Comportements.** Les comportements liés à ces apprentissages sont-ils plus ou moins présents : autonomie, possibilités d'initiatives, capacité à donner son avis, à écouter les autres, à accepter l'avis des autres, etc.

233 **Relations avec le socle commun.** Voir le domaine « Formation de la personne et du citoyen ». Les élèves ont-ils compris et respectent-ils les règles qui engagent la communauté éducative, au sein de la classe et de l'école. Participent-ils de manière régulière à la construction de ces règles ? Ont-ils appris à justifier leurs choix et à confronter leurs jugements avec ceux des autres ? Savent-ils remettre en cause leurs jugements initiaux après un débat argumenté ? Ont-ils compris l'importance de s'impliquer dans la vie scolaire, d'avoir recours aux outils de la démocratie (ordres du jour, comptes rendus, votes notamment) et de s'engager aux côtés des autres dans les différents aspects de la vie collective ?

SOUS-SECTION **5**

Les apprentissages « non spécifiquement disciplinaires »

234 **Compétences réflexives.** Ces compétences se développent-elles plus ou moins ? Compétences d'évaluation et d'autoévaluation (nombre et qualité des bilans), capacités réflexives sur les actions menées, etc.

235 **Compétences de communication.** Il s'agit ici, par exemple, de la capacité à donner son avis, à écouter et accepter l'avis des autres, de la capacité à entretenir des relations avec les adultes de l'équipe ou extérieurs, etc.

236 **Compétences de gestion des conflits.** Il s'agit ici de la capacité à régler les problèmes sans agressivité, du développement des compétences d'entraide, etc.

237 **Relations avec le socle commun.** Importance de ces relations dans le domaine « Les méthodes et outils pour apprendre » : organisation du travail personnel et du travail en équipe sur des projets (planification, échanges, collaboration, entraide, questionnement), utilisation d'outils de recherche sur Internet, etc. Importance des relations dans le domaine « Les systèmes naturels et les systèmes techniques ». Les élèves ont-ils mis en œuvre à diverses reprises l'observation, la manipulation et l'expérimentation ?

Et, dans le domaine « Les représentations du monde et de l'activité humaine », savent-ils poser des questions et chercher des réponses en mobilisant des connaissances dans divers domaines : histoire, langues découvertes, arts et cultures ?

SOUS-SECTION **6**

Circulation des pratiques et des connaissances entre le scolaire et l'extrascolaire

238 **Intérêts de la circulation des pratiques et connaissances.** Cette dimension est intéressante dans la mesure où on peut penser que ces échanges entre les mondes scolaire et extrascolaire facilitent la fonctionnalisation des connaissances scolaires et extrascolaires.

239 **Transferts dans l'extrascolaire.** Les pratiques et connaissances scolaires sont-elles plus ou moins actualisées dans les familles et dans les groupes de pairs ? Par exemple, participation accrue aux tâches de la vie familiale, demandes d'organisation de conseils au sein de la famille, rôle d'organisateur dans les groupes de pairs[1], conscience des usages possibles des connaissances acquises à l'école : mise en place à l'extérieur, dans le cadre associatif, d'activités mettant en œuvre ce que les élèves ont appris à l'école (jeu de go, maquettes, spectacles, etc.) ou dans le cadre personnel comme hobby, etc.

1. Cette compétence peut être attestée par les anciens élèves ou par des parents d'élèves.

240 **Transferts dans le domaine scolaire.** Les connaissances et pratiques extrascolaires sont-elles sollicitées en classe, au travers de quels dispositifs et avec quelles fonctions ?

SOUS-SECTION **7**

Les devenirs, proche et lointain

241 **Devenir scolaire proche.** Quelle est la nature des performances des élèves de primaire au collège[1] (réussites, échecs, équivalence ou non des résultats à ceux d'autres écoles, présence ou absence de « baisses » des résultats, limites et points positifs reconnus[2]) ?

1. Sur les effets ultérieurs et les témoignages d'anciens élèves : Bergeron P., « La parole des anciens élèves comme éléments de l'évaluation d'une structure scolaire différente : l'exemple du lycée pilote innovant international de Jaunay Clan », art. cit. ; Brito O., « L'influence de la pédagogie nouvelle à l'école primaire sur l'expression des habiletés sociales, relationnelles et scolaires au secondaire : une étude comparative », art. cit. ; Pawlotsky I., « Le choix du récit

de vie comme outil d'évaluation : le devenir des anciens élèves d'une école nouvelle », art. cit. ; Pawlotsky I., « Le choix du récit de vie comme outil d'évaluation : le devenir des anciens élèves d'une école nouvelle », *in* Hugon M.-A. et Viaud M.-L. (dir), *Les établissements scolaires « différents » et la recherche en éducation. Problèmes méthodologiques et épistémologiques*, 2015, Arras, Artois Presses Université, p. 127-133 ; Peyronie H., « Quelles traces de leur scolarité chez d'anciens élèves de classes Freinet ? », *in* Peyronie H. (dir.), *Freinet 70 ans après. Une pédagogie du travail et de la dédicace ?*, 1998, Caen, PU Caen, p. 107-137 ; Shankland R., *Pédagogies nouvelles et compétences psychosociales de l'apprentissage à l'école à l'entrée dans l'enseignement supérieur*, 2009, Paris, L'Harmattan.

2. Par exemple, au collège, autonomie, activité, curiosité/envie d'apprendre, coopération, travail en équipe (les élèves savent travailler en groupe), capacité à travailler avec des adultes différents, prise de responsabilité (délégués), implication dans la vie du collège (associations, clubs, etc.), capacité à demander de l'aide en cas de besoin, absence de difficultés particulières en écriture, capacité à prendre des notes, etc.

242 **Devenir plus lointain.** Implication plus ou moins importante des anciens élèves dans la vie de l'école ; reconnaissance de ce que l'école a apporté (goût pour certaines pratiques liées aux projets, ouverture vers d'autres cultures, autonomie, liberté, capacité à s'organiser, à gérer ses projets et ses budgets, à organiser et à gérer un groupe, voire des structures associatives, à travailler en équipe, à prendre des décisions, capacité à adapter son discours aux différents interlocuteurs, capacité à s'engager dans l'action sans procrastination[1], etc.).

1. Sur tous ces points, il existe un véritable consensus chez les anciens élèves de ces établissements avec qui j'ai pu m'entretenir.

SECTION **9**

Les relations entre les divers projets présentés

243 **Les projets et les principes de fonctionnement.** Un établissement scolaire peut présenter plusieurs projets dans différents cadres institutionnels. Il s'agit ici d'étudier leur nombre, leurs interactions, leur cohérence entre eux et avec les principes de l'école ainsi que le nombre d'enseignants et d'élèves impliqués.

SECTION **10**

Les relations aux recherches antérieures sur la pédagogie ou l'établissement

244 **Convergences ou divergences avec les études antérieures.** Il s'agit ici d'étudier les convergences ou les divergences avec les études antérieures sur la pédagogie ou sur l'établissement lorsqu'elles existent, en prenant

en compte le fait que l'établissement a changé de pratiques pédagogiques ou qu'il a maintenu une continuité pédagogique. Il est ainsi intéressant de constater, dans le cas de l'école Vitruve, que mon étude a abouti aux mêmes résultats que les études précédentes, issues de différentes sources, à savoir des performances équivalentes aux élèves d'autres écoles en ce qui concerne les apprentissages disciplinaires et des performances supérieures en ce qui concerne l'éducation à la citoyenneté et les compétences psychosociales.

Dans le cas de l'école de Mons-en-Barœul, qui était passée d'une pédagogie classique à une pédagogie Freinet, les résultats des élèves s'étaient améliorés sur tous les plans, au vu de nos travaux aussi bien que des évaluations institutionnelles.

SECTION **11**

Les relations aux recherches sur les questions éducatives

245 **Les relations aux recherches existantes.** Il s'agit ici d'étudier les relations entre les pratiques mises en place et les recherches existantes, telles qu'elles ont fait l'objet d'échanges et de consensus, au moins relatifs, entre divers courants de recherche. Dans cette perspective, les conférences de consensus du CNESCO demeurent une ressource précieuse, notamment quant aux relations entre modalités de travail, apprentissages et citoyenneté.

CONCLUSION

Un référentiel possible à améliorer et à adapter

246 **Un outil parmi d'autres.** Ce référentiel n'est à mes yeux qu'un outil possible parmi d'autres. Un de ses principaux avantages réside, à mon sens, dans la diversité des dimensions et des indicateurs pris en compte, ce qui permet d'éviter toute approche réductionniste. Il peut ainsi constituer un outil d'argumentation à l'encontre de ceux qui voudraient réduire une démarche pédagogique et son évaluation à quelques traits. Il peut, complémentairement, constituer un panorama de vigilances quant aux différents aspects du travail pédagogique.

Il offre à ses utilisateurs un choix possible en fonction de leurs objectifs et de leurs moyens et permet aussi une dynamique de travail en mettant au jour points forts et points à travailler. Son intérêt réside donc plus dans des usages formatifs que sommatifs.

Il me semble en outre important de souligner, une fois encore, la multiplicité des techniques d'investigation employées ou possibles ainsi que le temps nécessaire – notamment en présentiel – pour comprendre et analyser les fonctionnements et certains de leurs effets.

CHAPITRE 6

Débattre des critiques à l'encontre des pédagogies différentes

247 **La nécessité du débat.** Il me semble difficile de ne pas débattre explicitement de certaines critiques qui sont portées à l'encontre des pédagogies différentes. Je m'arrêterais donc sur deux d'entre elles, récurrentes à l'heure actuelle, qui concernent les relations entre activités et apprentissages ainsi que les implicites et malentendus que ces pédagogies généreraient.

SECTION 1

Les confusions entre activités et apprentissages

248 **Des positions qui s'affrontent.** Pour un certain nombre de contempteurs des pédagogies différentes, leur fonctionnement engendrerait des confusions entre élèves actifs et élèves apprenants et, par voie de conséquence, entre activités et apprentissages. Selon eux, ce n'est pas parce que des élèves sont actifs qu'ils apprennent et, parfois, cela peut même faire obstacle aux apprentissages. Cela s'oppose donc nettement aux thèses des tenants des pédagogies alternatives qui dénoncent la passivité des élèves dans les fonctionnements scolaires traditionnels ainsi que la répétition de situations formelles offrant peu de sens pour les élèves et engendrant des risques de décrochage.

Je me propose d'explorer, à la suite de bien d'autres[1], les positions qui s'affrontent. Je le ferai en trois temps : des questions préalables, une reconstruction des thèses en présence, quelques propositions pour essayer de penser en dehors de positions symétriques et figées.

1. Par exemple : Perrenoud P., « Rendre l'élève actif... c'est vite dit », *Migrants-Formation* 1996, n° 106, p. 166-181, ou nombre d'écrits de Philippe Meirieu. Je reprends ici les principaux éléments de mon article paru dans la revue

Traces (Reuter Y., « Faire ou ne pas faire ? Telle n'est pas la question pédagogique », *Traces* mars-avr. 2020, n° 245, « Pédagogies actives », p. 6-8).

SOUS-SECTION **1**

Savoirs, apprentissages et activités

249 **Quatre questions.** Il me semble utile, au préalable, de poser quatre questions qui demeurent trop souvent sous forme d'implicites. Peut-il exister des savoirs dont l'existence serait indépendante d'activités ? Peut-il exister des apprentissages qui s'effectueraient en dehors d'activités des élèves ? Peut-il exister des pédagogies qui seraient non actives ? Quel cadre pédagogique solliciterait la passivité des élèves ?

Je répondrai par la négative aux deux premières questions au regard de l'abondante littérature théorique sur le sujet. En effet, tout savoir est construit par des activités et il est impossible d'apprendre sans rien faire.

Je répondrai, de la même manière, aux deux dernières questions. De fait, dans les pédagogies les plus classiques, l'élève est incité à être attentif, à écouter, à prendre des notes, à faire des exercices, à réviser, à restituer, etc. Quel que soit le jugement qu'on porte sur cela, c'est bien d'activités qu'il s'agit. Je ne vois pas non plus comment on pourrait considérer qu'une pédagogie n'est pas « active », dans la mesure où toute pédagogie nécessite, de la part de l'enseignant, la mise en œuvre d'un ensemble d'actions visant à susciter chez les élèves un ensemble d'activités. Je ne vois pas non plus comment on pourrait prôner de ne pas mettre les élèves en activité, leur demander de ne rien faire... Ces considérations m'amènent aux propositions qui suivent.

SOUS-SECTION **2**

Distinguer des modalités différentes d'activités

250 **Activités contraintes ou appropriées.** En fait, à mon sens, les oppositions ne se situent pas sur le plan de la quantité d'activités mais entre des formes différentes d'activités. Ainsi, dans le cas des modalités traditionnelles d'enseignement, l'élève doit effectuer ce qui lui est imposé sans réelle prise sur les décisions concernant le travail à effectuer et sans véritable liberté dans la manière de l'effectuer. L'enseignant est maître du savoir et du pouvoir dans sa classe. Dans ce cadre, l'élève n'est pas passif mais on peut considérer qu'il subit, qu'il est contraint d'agir. En revanche, dans le cas des pédagogies différentes, la notion d'« activités » renvoie à des dispositifs et des pratiques au moyen desquels on essaie de donner aux élèves une maîtrise sur leur existence scolaire, de les associer

aux décisions et de les constituer comme acteurs, avec une marge d'autonomie et des projets personnels. Le maître n'est donc plus « tout sachant » ni tout-puissant. Il vise, au travers de mécanismes de « coconstruction », à donner envie aux élèves de s'engager et à faire en sorte qu'ils s'investissent dans les activités qui constituent le travail scolaire.

251 **Dispositifs communs ou différenciés.** De façon complémentaire, les oppositions se situent entre des conceptions différentes de l'École et des manières de générer des apprentissages. On a, d'une part, une conception « classique » qui défend une École « sanctuarisée », fermée sur elle-même, avec des dispositifs formels, communs à tous, spécifiques à l'École, imposés et fortement guidés par le maître, visant une appropriation censée être désintéressée du savoir[1] mais soumise, de manière paradoxale dans cette perspective, à un contrôle permanent. Selon cette conception, des activités incessantes et un guidage insuffisant de la part du maître nuiraient à la réflexion et à la construction des savoirs. On a, d'autre part, une conception « alternative » qui défend une École « ouverte », des dispositifs diversifiés, possiblement construits avec ou par les élèves, permettant la coopération, prenant en compte des cheminements différenciés, sollicitant l'articulation avec la vie extrascolaire et portant l'accent sur la recherche des significations et des intérêts possibles pour chaque élève en relation avec sa vie présente et projetée. Dans cette conception, activités et construction des savoirs sont en interrelation et s'enrichissent mutuellement. Il convient encore de remarquer que cette conception intègre des modalités d'apprentissage diversifiées tels les apprentissages par immersion dans les pratiques et les situations, apprentissages « silencieux » ou par « frayage », pour reprendre les termes de Samuel Johsua[2] ou les travaux de la didactique professionnelle[3] qui montrent l'importance de ces formes d'apprentissage dans le développement de compétences.

1. Le savoir en tant que tel serait suffisant pour susciter des apprentissages.

2. Johsua S., « L'enseignant comme directeur d'étude », *Revue internationale d'éducation de Sèvres* 2000, n° 25, p. 75-82.

3. Par exemple : Pastré P. « La didactique professionnelle : origines, fondements, perspectives », *Travail et apprentissages* 2008, n° 1, Dijon, Éditions Raison et Passions, p. 9-21 ? ; *La didactique professionnelle, approche anthropologique du développement*, 2011, Paris, PUF.

SOUS-SECTION **3**

Penser en termes de continuum et de tensions

252 **Un continuum entre deux pôles.** Je souhaite maintenant déplacer les termes du débat. Je propose ainsi de penser les pratiques comme des modalités pédagogiques possibles au sein d'un *continuum* entre deux pôles extrêmes, soit pour schématiser, celui de la pédagogie magistrale-transmissive et celui des pédagogies différentes[1].

1. Je ne prends pas en compte ici, ce qui est très discutable, l'extrême diversité des pédagogies différentes.

253 Les pratiques sont en tension entre deux pôles. Ces pôles actualisent des dimensions qui sont à la fois constitutives *et* en tension des pratiques pédagogiques : contrôle ou autonomie des élèves, compétition ou coopération, évaluation sommative ou évaluation formative, etc. En d'autres termes, les pratiques n'existent pas sans l'une *et* l'autre de ces dimensions, quelles que soient les formes d'équilibre/déséquilibre entre elles. Par voie de conséquence, penser les modalités d'articulation de ces dimensions peut permettre de mieux appréhender la complexité des pratiques effectives qui ne sont quasiment jamais situées de manière absolue sur l'un ou l'autre pôle. Elles sont en général métissées dans la mesure où les enseignants les ajustent en fonction des élèves considérés, des moments du cursus et des disciplines. Cela éviterait aussi de confondre les échelles d'analyse des pratiques : la macro-échelle des modes de travail pédagogique sur une année entière et la micro-échelle des séances, des dispositifs ou des situations. Ainsi, des situations de coopération peuvent exister, de manière ponctuelle, au sein d'un mode de travail classique, magistral-transmissif, sans pour autant remettre en cause, sur la durée, les fonctionnements dominants, magistraux et compétitifs. Ainsi encore, des séances magistrales peuvent prendre place au sein d'un mode de travail en projet. Mais, dans ce cas, elles revêtent une autre signification et d'autres fonctions, car elles répondent alors à des problèmes rencontrés par les apprenants et à des besoins qu'ils ressentent dans la logique de travail qui a été mise en place. De surcroît, la prise en compte de la structuration complexe des pratiques permet d'ouvrir la formation des enseignants à la palette des choix pédagogiques possibles au lieu de la restreindre en fonction d'*a priori*.

254 Activités et apprentissages ne s'opposent pas. Dans la perspective ainsi tracée, il me semble tout aussi intéressant de ne pas opposer activités et apprentissages, ainsi que j'ai tenté de le montrer. En effet, comment serait-il possible d'apprendre en étant inactif ? La question réside plutôt dans la pertinence des activités ainsi que dans les moyens mis en œuvre pour permettre de construire les apprentissages au travers et à partir de ces activités, cela sans négliger le temps et les tâtonnements nécessaires aux processus d'acquisition. Dans cette perspective, le sens que les élèves accordent aux activités, leur engagement dans les tâches, la possibilité de poser des questions sur les problèmes qu'ils rencontrent, la construction progressive et collaborative de critères, les possibilités de coopération et d'entraide, l'« institutionnalisation »[1], etc. sont importants au vu de nombre de travaux, aussi bien en pédagogie qu'en didactiques. Il convient, de ce point de vue, de remarquer que c'est sans doute un des atouts des pédagogies différentes, lorsqu'elles produisent des effets estimés positifs, de ne se priver d'aucun moyen pédagogique, en élaborant des dispositifs d'action et en les articulant de manière systématique avec des dispositifs de réflexion et de structuration, suscités par les activités engagées.

1. C'est-à-dire le bilan des apprentissages réalisés qui conduit à une culture et des références communes au sein de la classe.

SECTION **2**

La génération d'implicites et de malentendus

255 **L'opacité supposée des pédagogies différentes.** Une autre critique, fréquemment portée à l'encontre des pédagogies différentes, notamment par certains sociologues, porte sur l'opacité supposée des situations mises en place et leurs effets, ce qui toucherait plus particulièrement les enfants issus de milieux défavorisés.

Le raisonnement à l'œuvre – pourvu qu'on déplie ses propres implicites – me paraît être le suivant. Une part de l'échec serait due à des malentendus[1]. Ces malentendus seraient causés par des implicites. Ces implicites relèveraient de formes pédagogiques « actuelles » (innovations, pédagogies dites « actives », etc.). Ils pénaliseraient surtout les élèves les plus défavorisés qui ne les décoderaient pas. Ils seraient évitables par une pédagogie explicite, voire par des instructions directes. Il me semble cependant que ce raisonnement se heurte à quelques obstacles ainsi que j'en avais proposé antérieurement une première approche[2].

1. Parfois appelés « sociocognitifs » par certains sociologues. Je dois avouer que la distinction entre « cognitif » et « sociocognitif » de la part de sociologues me laisse perplexe. Il me semble que la formule d'Olivier Houdé, chercheur en neurosciences : « Le cerveau humain est social et culturel. » (*L'école du cerveau. De Montessori, Freinet et Piaget aux sciences cognitives*, *op. cit.*, p. 88), interroge fortement ce genre de distinctions.

2. Reuter Y., « Des implicites sur l'enseignement explicite », art. cit.

SOUS-SECTION **1**

Les implicites : dysfonctionnements ou loi du discours ?

256 **Éviter les implicites est impossible.** Éviter les implicites est tout bonnement impossible tant ils participent de tout discours, sous des formes très diversifiées (des allusions aux actes de langage indirects[1]) ainsi que les linguistes l'ont établi il y a déjà bien longtemps[2]. Les spécialistes de la lecture et les enseignants connaissent bien d'ailleurs l'importance des inférences que tout texte nécessite. L'idée d'un discours totalement explicite, qui éliminerait tout présupposé et tout sous-entendu, relève de l'absurdité car ce discours serait infini.

Les implicites sont de surcroît inévitables dans la communication pédagogique pour de multiples raisons. Ils sont indispensables à certains moments du cursus pour poser provisoirement telle ou telle notion qui ne sera véritablement définie qu'ultérieurement (par exemple, « mot » ou « phrase » au début de l'enseignement de la lecture). Ils participent aussi de la structuration des disciplines ainsi qu'Yves Chevallard[3] l'a établi en montrant que toute discipline scolaire est constituée de plusieurs dimensions : elle est constituée de contenus « disciplinaires » (ce qui est explicitement enseigné, donné à apprendre et évalué), de contenus « paradisciplinaires » (en quelque sorte, les contenus-outils, enseignés implicitement au travers de la monstration de l'enseignant et de la répétition des pratiques), de contenus « protodisciplinaires » (en quelque sorte, les prérequis, par exemple le savoir-lire au collège et au lycée). La complexité de la question des implicites excède donc les simplifications courantes et peut se reformuler ainsi : « Comment articuler implicites et explicites dans les interactions entre enseignants et enseignés afin de faire en sorte que les élèves comprennent mieux ? »

1. Par exemple : « La poubelle est pleine », énoncé apparemment purement assertif mais qui sollicite une action de la part du récepteur.

2. Pour une synthèse classique : Kerbrat-Orecchioni C., *L'implicite*, 1986, Paris, Armand Colin.

3. Chevallard Y., *La transposition didactique*, 1991 (1985), Grenoble, La Pensée Sauvage.

257 **L'incompréhension n'est pas mécaniquement liée aux implicites.** En outre, sur cette question, il resterait à préciser quels implicites engendrent des difficultés de compréhension, sachant que le risque consiste ici, une fois encore, à associer mécaniquement implicites et difficultés de compréhension alors que certains d'entre eux sont très facilement décodables en situation. C'est le cas, par exemple, en voiture, lorsque le passager dit au conducteur « Le feu est vert » et que celui-ci redémarre. De surcroît, certaines formes d'explicitation ne résolvent pas les problèmes (les élèves ne comprennent toujours pas), voire peuvent en engendrer d'autres en raison de reformulations successives, qui peuvent amener les élèves à douter de ce qu'ils avaient compris auparavant, voire même susciter des résistances (« pour qui nous prend-il ? »). Il conviendrait encore de préciser si les implicites qui suscitent des effets d'incompréhension sont identiques dans toutes les disciplines. Et, aussi, pour quelles raisons cela ne toucherait que les élèves issus de milieux défavorisés, ce qui est rarement étayé au-delà de simples assertions.

SOUS-SECTION **2**

Les malentendus : dysfonctionnements ou loi de la communication ?

258 **Les malentendus structurent la communication.** Les malentendus ne sont pas plus évitables que les implicites. De fait, pour nombre de spécialistes de la communication, non seulement il est impossible de les éviter mais, de surcroît, ils structurent la communication humaine.

259 **Les malentendus participent de la communication humaine.** Je me permettrais ainsi de citer les linguistes Antoine Culioli[1] qui considère

la communication comme un « cas particulier du malentendu » et Didier Bottineau, dans un ouvrage consacré au malentendu qui écrit dans la conclusion de son chapitre[2] :

> D'une certaine manière, la parole renouvelle le « contrat de malentendu ». En somme, le malentendu n'apparaît comme ratage que dans les rares cas où il s'expose accidentellement à la considération réflexive ; sans cela, le malentendu durable perdure comme mode de fonctionnement structurant, efficace et créatif.

Je ne résiste pas non plus au plaisir de citer Jacques Lacan, dans un texte intitulé « Le malentendu » (séminaire du 10 juin 1980) :

> Je suis un traumatisé du malentendu. Comme je ne m'y fais pas, je me fatigue à le dissoudre. Et du coup, je le nourris. C'est ce qui s'appelle le séminaire perpétuel.
> Je ne dis pas que le verbe soit créateur. Je dis tout autre chose parce que ma pratique le comporte : je dis que le verbe est inconscient – soit malentendu.
> Si vous croyez que tout puisse s'en révéler, eh bien, vous vous mettez dedans, tout ne peut pas. Cela veut dire qu'une part ne s'en révélera jamais.
> C'est précisément ce dont la religion se targue. Et c'est ce qui donne son rempart à la Révélation dont elle se prévaut pour l'exploiter.
> Quant à la psychanalyse, son exploit, c'est d'exploiter le malentendu. Avec, au terme, une révélation qui est le fantasme.
> C'est ce que vous a refilé Freud. Quel filon, il faut le dire. Tous autant que vous êtes, qu'êtes-vous d'autre que des malentendus ? Le nommé Otto Rank en a approché en parlant du traumatisme de la naissance. De traumatisme, il n'y en a pas d'autre : l'homme naît malentendu.

1. Culioli A., *Pour une linguistique de l'énonciation 1*, 1990, Paris, Ophrys, p. 39.

2. Bourgain A. et Fabre G. (dir.), *Le malentendu. Une question de linguistique et de psychanalyse*, 2017, Limoges, Lambert Lucas, p. 29.

260 Les malentendus participent aussi de la communication pédagogique. La communication pédagogique n'y échappe pas[1] dans la mesure où elle est elle-même structurellement fondée sur des malentendus[2]. En d'autres termes, les malentendus loin d'être des accidents seraient structurellement attachés à la communication pédagogique puisque l'École sélectionnerait principalement sur des contenus et des méthodes non enseignés explicitement. Cette dimension structurelle explique que pour Bourdieu et Passeron, pourtant souvent donnés comme des cautions sur ce sujet, l'idée d'une pédagogie explicite est proprement illusoire dans la mesure où « elle supposerait un contrôle continu de la réception exercé tant par les enseignants que par les enseignés », ainsi que la « prise en compte de toutes les caractéristiques sociales de la communication [...] »[3].

1. Voir cette formule de Bourdieu et Passeron dans leur ouvrage *Les héritiers* (Bourdieu P. et Passeron J.-C., *La reproduction. Éléments pour une théorie du système d'enseignement*, 1970, Paris, Minuit, p. 125) : « Le malentendu qui hante la communication pédagogique [...]. »

2. Notamment entre ce qui est enseigné et ce qui est attendu si on suit les thèses de Bourdieu et Passeron.

3. Bourdieu P. et Passeron J.-C., *La reproduction. Éléments pour une théorie du système d'enseignement*, *op. cit.*, p. 127.

SOUS-SECTION **3**

Implicites et malentendus seraient dus aux pédagogies différentes ?

261 **La question de l'opacité des situations.** Il reste encore à savoir en quoi ces implicites seraient dus à des formes pédagogiques « actuelles ». Pour cela, il est nécessaire d'éviter de confondre, sous le terme « innovations »[1], les pédagogies différentes avec l'introduction mal maîtrisée de dispositifs dans l'air du temps au sein de modes de travail pédagogiques qui demeurent classiques, voire avec le cours dialogué (qui n'a rien de nouveau). En effet, la question de l'opacité des situations d'enseignement et d'apprentissages pour un certain nombre d'élèves, et fortement thématisée par certains sociologues, appelle quelques remarques complémentaires.

1. De manière curieuse, ce terme agit comme un chiffon rouge auprès de certains sociologues comme si les innovations étaient *a priori* négatives.

262 **Gérer les implicites.** En premier lieu, si tout discours, qu'il soit pédagogique ou non, est porteur d'implicites et si un discours sans implicites est impossible, le problème ne réside donc pas dans leur évitement mais dans leur gestion. De fait, de manière surprenante, ceux qui adressent cette critique aux « innovateurs » font comme si la survenue d'incompréhensions et de malentendus était un phénomène anormal dans l'enseignement et limitent leur analyse (parfois fondée sur des études de cas très ponctuelles[1]) à la survenue du problème (et à la croyance en la possibilité d'empêcher sa survenue) sans prendre en compte la gestion ultérieure de ce problème par le maître.

1. Par exemple : Goigoux R. et Bautier E., « Difficultés d'apprentissage, processus de secondarisation et pratiques enseignantes : une hypothèse relationnelle », *Revue française de pédagogie* 2004, n° 148, « Évaluer et comprendre les effets des pratiques pédagogiques », p. 89-100 ; Bonnéry S., « Entre enseignement et sélection : l'exemple d'Amidou », *Bulletin du Centre Alain Savary. XYZep* 2008, n° 33, p. 4-5.

263 **L'opacité de la pédagogie classique.** En second lieu, le problème de l'opacité et des malentendus a été soulevé depuis bien longtemps déjà mais à propos des formes traditionnelles d'enseignement[1]. C'est ainsi le cas, dès les années 1980, avec les analyses des « malentendus communicationnels » par Jean-François Halté[2] qui désignait par cette expression l'écart entre ce que le maître sollicite en expression écrite *via* la consigne (c'est-à-dire un discours narratif et des contenus, soit « réels », soit imaginaires) et la manière dont il corrige la production de l'élève en délaissant les instructions de la consigne pour se focaliser sur du microformel (orthographe, syntaxe, etc.) et en ne se préoccupant pas des contenus. C'est encore le cas dans les travaux de psychologie de l'éducation de Michel Brossard[3] qui avait montré comment nombre d'élèves confondaient « réussir » et « comprendre » en raison de l'opacité des situations qui leur étaient proposées. On peut ainsi penser que c'est le poids de l'évaluation dans les pratiques pédagogiques classiques qui conduit

les élèves à vouloir réussir à tout prix l'exercice plutôt que d'aller plus avant dans la compréhension de ce qu'il met en jeu. De façon complémentaire, il conviendrait de s'interroger sur le fait que les contenus enseignés ne sont que très rarement questionnés dans les discours qui défendent l'enseignement classique et/ou explicite, comme si les contenus étaient neutres et à égale distance d'élèves vivant des existences très différentes.

Il est encore intéressant de revenir sur quelques questions insuffisamment posées à mon sens dans les débats autour de l'enseignement explicite.

1. Et des situations évaluatives qui les accompagnent fréquemment.

2. Halté J.-F., « Pour changer l'écrire », art. cit. ; Halté J.-F. « L'annotation des copies, variété ou base du dialogue pédagogique », art. cit. ; Halté J.-F. « Les conditions de production de l'écrit scolaire », art. cit.

3. Brossard M., *L'adaptation de l'enfant à l'école*, 1994, Paris, Collection Scientifique Stablon ; Brossard M., « Quelques réflexions sur activités métalinguistiques et situations scolaires », *Repères* 1994, n° 9, « Activités métalinguistiques à l'école », p. 29-36.

SOUS-SECTION **4**

Ne pas confondre explicitation et pédagogie explicite

264 **Une pédagogie explicite ?** Depuis quelque temps, une vulgate complémentaire, s'appuyant sur des sources hétérogènes[1], s'est répandue dans le domaine de l'éducation. Selon cette vulgate, pour laquelle nombre de problèmes, voire d'échecs, seraient dus aux implicites de l'enseignement, la solution consisterait à pratiquer ce que d'aucuns appellent une pédagogie explicite. Ce discours peut paraître séduisant en raison de son apparente simplicité mais il mérite pour le moins d'être mis en interrogation.

1. Pour une approche de certaines de ces sources, voir le dossier – ressource du centre Alain-Savary « Enseigner plus explicitement ».

265 **Une thèse discutable.** Selon les tenants de cette thèse, les problèmes seraient évitables par de l'explicitation, une pédagogie explicite, voire des instructions directes et il existerait des preuves de cela. Mais cela demeure pour le moins discutable tant cette thèse s'appuie principalement sur des compilations de méta-analyses de recherches quantitatives, par exemple, celle réalisée par le chercheur John Hattie[1], compilation dont les méthodes sont discutées et dont les résultats mentionnent par ailleurs – ce qui est plus rarement noté –, dans les dimensions facilitant les apprentissages, l'attention du maître aux démarches des élèves, la relation de confiance et la qualité des échanges entre maîtres et élèves, l'importance des feed-back, la capacité du maître à modifier ses pratiques, l'importance du travail sur l'erreur[2], etc.

1. Aussi : Bissonnette S., Richard M. et Gauthier C., « Interventions pédagogiques efficaces et réussite scolaire des élèves provenant de milieux défavorisés », *Revue française de pédagogie* 2005, n° 150, Paris, INRP, p. 87-141 ? ; « L'enseignement explicite », *in* Dupriez V. et Chapelle G. (dir.), *Enseigner*, 2007, Paris, PUF ; Hattie J., *Visible Learning for Teachers. L'apprentissage visible pour les enseignants. Connaître son impact pour maximiser le rendement des élèves*, 2009, PU Québec, trad. fr. 2017.

2. Sur les travaux de Hattie, voir, par exemple, les analyses très précieuses d'Olivier Rey dans ses notes de l'IFE (Eduveille).

266 Une démarche très classique. J'ajouterais, qu'outre les réserves que j'ai émises précédemment quant aux conceptions sous-jacentes du discours et de la communication et à l'impossibilité d'éradiquer implicites et malentendus, la démarche proposée ne présente pas de grandes nouveautés et est en réalité classique : rendre explicites pour les élèves les intentions et les objectifs visés par la leçon ainsi que les connaissances antérieures nécessaires, clarifier une tâche en l'exécutant devant eux et en énonçant le raisonnement suivi, leur demander de rendre explicite leur raisonnement en situation de pratique et fournir une rétroaction avant que les erreurs ne se cristallisent, ne pas surcharger la mémoire de travail, décomposer en composantes plus simples pour que les élèves apprennent progressivement avec trois étapes possibles : le modelage (délivrer les informations du plus simple au plus complexe), l'instauration d'une pratique dirigée avec rétroactions du maître, et enfin une pratique autonome. Ou, en d'autres termes, prescriptions, entraînement et autonomie (escomptée). Cela instaure en tout cas une conception mécaniste de la relation entre enseignement et apprentissages, selon laquelle si le maître explicite quelque chose cela devient explicite pour les élèves. Cela installe complémentairement une conception de l'apprenant comme exécutant.

SOUS-SECTION **5**

D'autres propositions pédagogiques et didactiques existent

267 Pas de solution unique. Existerait-il de surcroît une seule solution, une seule voie pédagogique pour aider les élèves à apprendre, à comprendre comme le laissent entendre les défenseurs de l'enseignement explicite ? Cela mérite pour le moins discussion comme mérite discussion tout discours qui prétendrait imposer une solution unique. Comme si la pédagogie relevait du dogme ou de la ligne juste.

268 Des propositions pédagogiques différentes. De fait, cela fait fi de nombre de travaux pédagogiques qui, à partir de cadres théoriques et de recherches différentes, insistent sur le temps nécessaire à la construction des connaissances, sur l'importance pour les élèves d'effectuer leur propre cheminement et sur la nécessité pour l'enseignant de ne pas tout dévoiler dès le début ce qui rendrait inutile ce cheminement et serait donc contre-productif en termes d'apprentissages. Il existe sur ce point aujourd'hui une conjonction importante de travaux et de concepts. Je pense ainsi au « tâtonnement expérimental » de Célestin Freinet ou, plus récemment, aux analyses de Philippe Meirieu, qui écrit dans *La riposte*[1] :

> [...] la motivation [...] naît dans « l'entrevoir », quand le maître, sans déflorer le contenu du savoir, sait créer l'énigme et susciter le désir de s'engager dans l'apprentissage...

1. Meirieu P., *La riposte*, 2018, Paris, Éditions Autrement, p. 52.

269 **Des propositions didactiques.** Je pense aussi, dans le domaine des didactiques, aux travaux sur la démarche de « problématisation » et sa nécessité pour construire des savoirs[1], aux travaux sur la notion de « réticence »[2] ou sur les « situations-problèmes » et les textes « résistants » qui imposent la nécessité d'apports de connaissances, par la confrontation des élèves à des obstacles. Je pense encore aux textes fondamentaux de Guy Brousseau[3] sur le « contrat didactique ». Cette notion, incontournable dans un cadre didactique, pour comprendre les fonctionnements des relations entre enseignement et apprentissages[4], désigne le fait qu'un enseignant attend de ses élèves certaines actions et certaines façons de les effectuer parce qu'il les estime nécessaires à l'apprentissage des contenus qu'il enseigne. De leur côté, les élèves attendent en retour de l'enseignant qu'il leur indique des actions et des façons de les effectuer nécessaires à l'apprentissage du contenu enseigné. Ce concept amène ainsi à réfléchir sur le fait qu'un savoir enseigné n'est pas transmissible directement, immédiatement et intégralement. Dans cette perspective, la construction des savoirs dépend des interactions entre le maître et les élèves et ne peut, par conséquent, être identique pour les différents acteurs de la situation.

Les travaux de Guy Broussseau sur le concept de « dévolution »[5] sont tout aussi importants. Il désigne par ce concept l'ensemble des actions de l'enseignant visant à rendre l'élève responsable de la résolution d'un problème ou d'une question en suspens[6] :

> La dévolution est l'acte par lequel l'enseignant fait accepter à l'élève la responsabilité d'une situation d'apprentissage [...] ou d'un problème et accepte lui-même les conséquences de ce transfert.

Dans le cadre de la théorie des situations didactiques qu'il a élaborée, ce concept répond à un paradoxe fondamental qu'il énonce en ces termes[7] :

> Le professeur a l'obligation sociale d'enseigner tout ce qui est nécessaire au savoir. L'élève – surtout s'il est en échec – le lui demande. Ainsi donc, plus le professeur cède à ses demandes et dévoile ce qu'il désire, plus il dit précisément à l'élève ce que celui-ci doit faire, plus il risque de perdre ses chances d'obtenir et de constater objectivement l'apprentissage qu'il doit viser en réalité.

La résolution de ce paradoxe tient, dans ce cadre théorique, aux opérations de dévolution. À la différence du processus de dévoilement contrôlé de la solution par le maître, l'enseignant peut au contraire réfléchir aux processus de dévolution possibles, c'est-à-dire aux moyens de rendre les élèves eux-mêmes acteurs du dévoilement.

Il convient encore d'ajouter à cet ensemble la synthèse des travaux en neurosciences qu'effectue Olivier Houdé, qui l'amène à souligner l'importance de l'action, du tâtonnement et des émotions et à effectuer cette remarque[8] : « On sait, en outre, que l'enseignement trop explicite tue la curiosité [...]. »

1. Fabre M. (dir.), « La problématisation, approches épistémologiques », *Les Sciences de l'éducation. Pour l'Ère nouvelle* 2005, vol. 38, n° 3 ; Fabre M. et Musquer A., « Comment aider l'élève à problématiser ? Les inducteurs de problématisation », *Les Sciences de l'éducation. Pour l'Ère nouvelle* 2009, vol. 42, p. 111-129 ; Orange C., « Problématisation, savoirs et apprentissages en sciences », *in* Fabre M. et Vellas É., (dir.), *Situation de formation et problématisation*, 2006, Bruxelles, De Boeck, p. 75-90 ; Orange C., « Quel milieu pour l'apprentissage par problématisation en sciences de la vie et de la terre ? », *Éducation et didactique* 2007, vol. 1, n° 2, p. 37-56.

2. Collectif Didactique pour enseigner, *Didactique pour enseigner*, 2019, Rennes, PU Rennes.

3. Brousseau G., « Le contrat didactique : le milieu », *Recherches en didactique des mathématiques* 1998, vol. 9, n° 3, p. 309-336 ; Brousseau G., *Glossaire de quelques concepts de la théorie des situations didactiques en mathématiques*, 2003 [en ligne], *http://perso.orange.fr/daest/guy-brousseau/textes/Glossaire_Brousseau.pdf*].

4. Voir aussi l'entrée « Contrat didactique » dans le *Dictionnaire des concepts fondamentaux des didactiques* (Lahanier-Reuter D., « Contrat didactique », *in* Reuter Y. [dir.], *Dictionnaire des concepts fondamentaux des didactiques*, *op. cit.*, p. 55-60).

5. Voir aussi l'entrée « Dévolution » dans *Le dictionnaire des concepts fondamentaux des didactiques* (Lahanier-Reuter D., « Dévolution », *in* Reuter Y. [dir.], *Dictionnaire des concepts fondamentaux des didactiques*, *op. cit.*, p. 61-64).

6. Brousseau G., « Le contrat didactique : le milieu », art. cit., p. 303.

7. Brousseau G., « Fondements et méthodes de la didactique des mathématiques », *Recherches en didactique des mathématiques* 1986, vol. 7, n° 2, p. 66.

8. Houdé O., *L'école du cerveau. De Montessori, Freinet et Piaget aux sciences cognitives*, *op. cit.*, p. 108.

270 **Éviter des confusions.** Il convient en tout cas de ne pas confondre les formes d'explication et d'explicitation que pratique tout enseignant, quelles que soient ses pratiques pédagogiques, avec le courant qui s'autoproclame « pédagogie explicite ». Il importe notamment de se rappeler que, par exemple, les pédagogies dites « actives » ou innovantes se sont construites sur la recherche des meilleures formes d'aide à la compréhension en raison des problèmes persistants rencontrés par les élèves dans le cadre des pédagogies classiques.

Il s'agit donc de réfléchir aux différentes modalités possibles de l'explication et de l'explicitation, en évitant plusieurs confusions. La première (qu'illustrent bien certains passages des instructions officielles) réside dans le glissement effectué entre tenir un discours estimé clair par l'enseignant et la compréhension de ce discours par les élèves. Pour le dire nettement, l'explicitation du maître ne garantit en rien la compréhension des élèves. La deuxième confusion tient à ce que la clarification pourrait être menée de manière uniforme indépendamment de la diversité des élèves. On retrouve ici « l'indifférence aux différences », source d'échec pour Bourdieu et Passeron. La troisième confusion tient au fait qu'il serait possible – voire pertinent – de tout expliciter dès le début d'une séquence sans attendre la survenue des problèmes que se posent les élèves dans des formes construites par eux-mêmes (et non préconstruites par les enseignants). Cela explique que, pour éviter cette confusion, des tenants des pédagogies alternatives ont montré l'intérêt de démarches qui partent des questions des élèves et qui étayent leurs démarches de recherche de sens. En d'autres termes, il s'agit de permettre aux élèves d'exprimer leurs incompréhensions et de construire, selon leur propre cheminement, les modalités de leur compréhension. Cela justifie, par exemple, l'importance du travail sur les erreurs, la volonté de construire en commun les critères, le temps donné au retravail, etc.

Je ne saurais conclure sur ces questions sans évoquer deux autres problèmes qui demeurent en suspens dans les discours des tenants de la pédagogie explicite : le manque d'interrogation sur les variations des formes et des chemins de la compréhension selon les disciplines, le peu de réflexion sur les problèmes flous ou complexes qui n'ont ni solution, ni stratégie de résolution unique, comme c'est le cas en écriture et dans bien d'autres domaines.

CHAPITRE 7

L'essaimage de démarches différentes : possibilités, obstacles et intérêts

271 **La question de la transférabilité.** J'aborde dans cet ultime chapitre la question de la transférabilité des pratiques et des pédagogies différentes en essayant d'analyser le plus précisément possible les obstacles qu'elle rencontre.

SECTION 1

La possibilité de pratiques et pédagogies différentes

272 **La transférabilité est attestée.** Il me semble qu'on peut répondre par l'affirmative à la question de savoir s'il est possible de transférer certains principes et certaines pratiques. En effet, au-delà des équipes « engagées », cela est attesté dans différents établissements scolaires, y compris à l'enseignement par ailleurs relativement classique. C'est encore à l'œuvre dans des structures de retour à l'école, des classes-relais, des écoles de la seconde chance, des microlycées... De surcroît, à l'heure actuelle, les projets d'enseignants souhaitant pratiquer des pédagogies différentes se multiplient. Cette possibilité repose toutefois sur différentes formes d'engagement des enseignants[1].

1. J'ai proposé une première typologie des formes d'engagement des enseignants dans un article antérieur (Reuter Y., « Les innovations en France : modes d'engagement, contenus et obstacles », *in* Montandon F., Schelle C., Straub C., Mbaye M. et Hübler C. (dir.), *Innovation et transformation au sein des enseignements et de la formation. Sénégal, Togo, Burkina Faso, France et Allemagne*, 2020, Saint-Denis, Éditions Connaissances et savoirs, p. 15-34).

SOUS-SECTION **1**

Les raisons possibles de l'engagement

273 **Trois formes d'engagement.** Je m'arrêterai donc sur trois formes d'engagement – de conviction, de formation et de survie – qui me paraissent essentielles dans la mise en place de pratiques et de pédagogies différentes.

274 **L'engagement de conviction.** Ce que j'ai appelé un « engagement de conviction » est fondé sur une adhésion résolue à des valeurs. Les enseignants ont des convictions quant à la vie en société, quant à l'école et quant au métier d'enseignant. Ils n'envisagent donc pas d'enseigner autrement ce qu'ils expliquent avoir compris dès le début de leur carrière, voire avant. Il ne peut exister, pour eux, d'opposition entre vie privée et vie professionnelle, conceptions et pratiques, voire pratiques et rêves. Ils refusent donc ennui, isolement ou pratiques coercitives... Il en est ainsi des enseignants de l'école Freinet ou de ceux de l'école Vitruve[1] avec qui j'ai pu mener des entretiens. Il est frappant de constater que, pour eux, le mode de travail adopté dans un métier qu'ils aiment profondément relève d'une absolue nécessité.

Cet engagement se situe cependant entre deux pôles. Un pôle « militant » qui comprend plusieurs aspects : le rattachement plus ou moins marqué à un mouvement pédagogique ; la revendication d'un héritage, avec une doctrine qu'on approfondit certes mais qui s'oppose nettement aux autres conceptions de l'enseignement, que cela renvoie à l'enseignement « classique » ou à d'autres courants pédagogiques ; une cohérence qu'on juge intouchable entre principes fondamentaux, principes d'action et pratiques[2] ; et enfin un prosélytisme assumé. Le second pôle pourrait être qualifié d'« autonomiste » dans la mesure où, même s'il peut exister la revendication d'un héritage (non inféodé à tel ou tel mouvement pédagogique) et même si l'enseignant peut collaborer à tel ou tel mouvement pédagogique, les sources théoriques et pratiques sont multiples, les relations entre principes et pratiques sont plus souples et le prosélytisme est moindre.

Cet engagement de conviction peut prendre des formes différentes selon la manière dont les relations entre École et société sont envisagées, même si tous sont d'accord pour considérer que cette société est injuste – ce qui explique des engagements sociaux fréquents au-delà de l'École – et si tous estiment que l'École peut contribuer à des améliorations, voire à des transformations sociétales[3]. Ainsi, pour certains, il s'agit de changer le système de l'intérieur et le combat pour un changement de société doit commencer dès maintenant au sein de l'École. Pour d'autres, il s'agit de préparer les enfants à vivre dans une société future qui serait meilleure (plus juste, plus égalitaire, plus écologique). Pour d'autres encore, il s'agit d'adoucir les difficultés sociales en faisant ce qu'on peut, ici et maintenant, pour le bien des enfants et des familles, même si on a conscience des limites de son action. Dans le premier cas, l'engagement est plutôt politique au sens classique du terme et la visée de transformation des autres acteurs sociaux est présente. Dans le troisième cas, je parlerais plutôt d'un engagement humaniste, souvent en relation avec des engagements associatifs. De fait, l'accueil et la rencontre avec l'autre, tel qu'il est, sont fondamentaux. Les tenants de la deuxième position me semblent se répartir entre ces deux pôles. Quelles que soient les modalités adoptées, il convient de remarquer que cet engagement de conviction s'enracine dans une histoire personnelle, scolaire, sociale et familiale, notamment au travers du souhait de reproduire ou de s'opposer à ce qu'on a vécu.

1. C'est aussi le cas pour les enseignants que nous suivons dans le cadre de la recherche sur l'autoformation coopérative.

2. Sur cette question, voir ma communication : « Interroger le désir et la possibilité de transformer l'école en s'appuyant sur des pédagogies et des structures alternatives » (Reuter Y., « Transformer l'école à partir des pédagogies et des pratiques alternatives ? », art. cit.).

3. Voir le slogan des *Cahiers pédagogiques* : « Changer la société pour changer l'école, changer l'école pour changer la société ».

275 **L'engagement de formation.** Une autre modalité d'engagement, que j'ai qualifié « de formation », est en quelque sorte moins immédiate. Les enseignants pensent que les pédagogies alternatives sont préférables en raison de la formation qu'ils ont reçue et/ou qu'ils se sont donnée (lectures, stages, etc.), des analyses qu'ils ont effectuées, des pratiques qu'ils ont pu observer ou éprouver et aussi parce qu'ils estiment que c'est formateur et enrichissant professionnellement. Cela repose notamment sur l'analyse des limites de l'enseignement traditionnel dont ils ont pu constater les difficultés de fonctionnement, le peu d'effets sur la réduction de l'échec scolaire et les contradictions entre les principes affichés et les pratiques instaurées. Cet engagement de formation s'appuie, de façon complémentaire, sur l'analyse des intérêts de certaines pratiques alternatives qui leur paraissent mieux perçues et appropriées par les élèves. Il convient encore de noter que cet engagement de formation peut reposer sur une véritable curiosité professionnelle, liée là encore à l'amour du métier : l'enseignant va essayer ce qu'il a lu, ce dont on lui a parlé en formation, ce qu'un collègue pratique, etc.

276 **L'engagement de survie.** La troisième modalité d'engagement que j'ai distinguée est celle d'un engagement que j'ai qualifié « de survie ». Il est en effet exprimé en ces termes par les enseignants concernés. C'est notamment le cas, au vu des dossiers que nous avons pu étudier et des entretiens que nous avons menés[1], pour nombre d'expérimentations liées à l'article 34 de la loi « Fillon » dans les réseaux d'éducation prioritaire. En effet, les enseignants disent s'engager plus par nécessité que par choix : il s'agit pour eux de survivre dans un milieu scolaire et social ressenti comme particulièrement difficile, voire hostile. Pour cela, ils ont besoin de motivation, d'entraide, de « faire bloc/de faire front ». Et il leur apparaît indispensable de changer de pratiques, notamment en ce qui concerne le travail en équipe, les modalités de fonctionnement de la discipline, l'évaluation, etc.

1. Bart D. et Reuter Y. (dir.), *Les sciences de l'éducation pour l'ère nouvelle*, *op. cit.* ; Reuter Y. (dir.), *Les expérimentations liées à l'article 34 de la loi d'orientation et de programme pour l'école de 2005*, *op. cit.*

SOUS-SECTION **2**

Les raisons possibles de la persévérance

277 **Les enseignants persévèrent.** L'analyse des modes d'engagement demeure cependant insuffisante. Il faut encore essayer de comprendre pour quelles raisons les enseignants qui se sont inscrits dans ces démarches différentes persévèrent, ce qui est le cas le plus fréquent dans les études dont je dispose.

278 **Le sens du travail.** Au travers des entretiens que j'ai pu réaliser, c'est le sens trouvé/retrouvé/conservé au travail qui est la raison fondamentale de cette persévérance. Ce sens se fonde notamment sur la manière dont on envisageait le métier et la manière dont on le réalise, sur la cohérence entre ses principes et ses pratiques. Ainsi, les pratiques sont jugées moins contradictoires avec les principes préconisés : une place plus importante est accordée à l'esprit critique, à l'autonomie, à la démocratie et les droits des enfants sont mieux respectés.

279 **Des effets bénéfiques.** Le sentiment d'être utile pour les élèves en considérant notamment un certain nombre d'effets obtenus est tout aussi important : des progrès dans les résultats qui ne laissent personne sur la route, des apprentissages mieux réalisés, des effets parfois très rapides[1], la construction de rapports plus positifs et durables à l'école et aux savoirs, une meilleure inclusion des élèves en souffrance[2], etc. L'amélioration du climat scolaire contribue aussi de manière déterminante à cette persévérance : les maîtres éprouvent plus de plaisir en raison d'un climat plus apaisé. Ils ont encore le sentiment d'être moins isolés face aux problèmes qu'ils rencontrent et de pouvoir compter sur l'empathie et l'entraide de leurs collègues.

1. Par exemple, dans le groupe scolaire de Mons pratiquant la pédagogie Freinet, entre la rentrée de septembre et les vacances de la Toussaint, les incivilités avaient fortement diminué et les textes écrits par les élèves s'étaient véritablement développés.

2. Jovenet A.-M., « Une "didactique appropriée aux difficultés des élèves" est-elle tributaire des modes d'appréhension de ces difficultés ? », *La Nouvelle Revue de l'AIS* 2006, n° 33, « Adaptation et intégration scolaire », p. 115-128 ; Jovenet A.-M., « Pédagogie et prise en charge des enfants en souffrance », *in* Reuter Y. (dir.), *Une école Freinet. Fonctionnements et effets d'une pédagogie alternative en milieu populaire*, *op. cit.*, p. 63-88 ; Jovenet A.-M., *Enfant en souffrance... élève difficile. Dialogue entre psychanalyse et pédagogie Freinet*, 2014, Villeneuve-d'Ascq, PU du Septentrion.

280 **Du pouvoir sur sa vie.** À cela, il convient d'ajouter, et c'est loin d'être négligeable dans la conjoncture actuelle, le sentiment que peuvent avoir

certains enseignants ainsi engagés de reconquérir du pouvoir sur leur métier et leur vie, non seulement par rapport au ministère en n'étant pas réduit à un rôle d'exécutant mais aussi par rapport aux syndicats, en pouvant se concentrer sur les dimensions pédagogiques et agir immédiatement dessus sans attendre un avenir meilleur lié à d'hypothétiques résultats des négociations avec le ministère.

SECTION **2**

Les différents types d'obstacles

281 **Les obstacles sont multiples.** Il n'en demeure pas moins vrai que les obstacles à surmonter sont multiples : liés aux fonctionnements sociopolitiques de la France, tributaires des fonctionnements de l'Éducation nationale, engendrés par les discours et les pratiques des militants pédagogiques eux-mêmes ou encore dus au cloisonnement entre pédagogies et didactiques.

SOUS-SECTION **1**

Les obstacles liés aux fonctionnements sociopolitiques de la France

282 **Un pays qui évolue peu.** Il est difficile de débattre sereinement des questions éducatives en France[1] tant le poids des lobbys est important et tant nombre de médias recherchent plus le « buzz » que l'information. Les fonctionnements des politiques ne contribuent pas non plus à une construction sérieuse de ces questions, chaque nouveau ministre y allant de sa réforme, imposée sans formation préalable des maîtres et contredisant la précédente, alors même que celle-ci n'a pas encore été évaluée. Tout cela a conduit à faire de la France la risée de certains chercheurs étrangers, tant elle est le pays qui réforme le plus tout en évoluant le moins.

De surcroît, les politiques aiment parler de « la recherche » au singulier pour s'appuyer sur tel ou tel courant à l'exclusion d'autres qui les arrangent moins. Ils font de même pour reconstruire une histoire scolaire sans rapport avec les réalités historiques (« c'était mieux avant »). Ils aiment aussi mentionner, de manière pour le moins sélective, les comparaisons internationales, en oubliant, par exemple, systématiquement la durée des négociations, la valorisation sociale des enseignants ou la comparaison des salaires.

À cela s'ajoutent les questions dites « d'économie » qui sont souvent posées en des termes tels qu'on présente les coûts de l'éducation comme des dépenses excessives et non comme des investissements indispensables.

1. J'ai abordé très brièvement cette question dans : Reuter Y., « Recourir à des pédagogies alternatives ? Intérêts et points de vigilance », *in* De Blauwe C. et Merland A. (dir.), *Regards croisés sur les pratiques en pédagogie actives. Actes du 1er colloque international organisé par la COCOF*, 2018, Bruxelles, Bernadette Lambrechts éditeur, p. 55-58 ; Reuter Y., « Transformer l'école à partir des pédagogies et des pratiques alternatives ? », art. cit.

SOUS-SECTION **2**

Les obstacles tributaires des fonctionnements institutionnels de l'Éducation nationale

283 **Les fonctionnements de l'Éducation nationale.** D'autres résistances, et non des moindres, tiennent aux fonctionnements institutionnels. Elles sont multiples : l'indigence de la formation initiale et continue des enseignants, le temps qui manque aux enseignants (par exemple, pour les réunions d'équipe ou pour aller observer dans les classes des collègues), des nominations de collègues peu motivés, les problèmes de transmission avec le départ des anciens et l'arrivée de nouveaux enseignants moins informés, les modes de gestion de certains inspecteurs[1] qui sont plutôt dans le contrôle que dans l'accompagnement, l'évaluation qui porte plus sur les individus que sur les équipes, la question de la reconnaissance trop faible des équipes innovantes dans l'Éducation nationale[2], une conception de l'innovation imposée par le « haut », etc.

Un autre obstacle non négligeable tient aux logiques de travail dominantes des enseignants dans la forme scolaire classique. En effet, dans les pédagogies alternatives, il faut accepter de montrer aux collègues ce qu'on fait, accepter de tâtonner, de sortir des routines et des certitudes, accepter de se remettre en question et d'être remis en question. Le maître n'est plus tout-puissant et tout sachant dans sa classe. Il s'agit là d'un véritable deuil, tant les routines comme les représentations sont fonctionnelles.

À cela il convient d'ajouter que certains chefs d'établissement, certains collègues et certaines organisations syndicales sont loin de considérer ces innovations avec bienveillance et peuvent utiliser différents moyens pour y faire obstacle.

1. Ainsi que leur turn-over qui oblige les équipes innovantes à justifier à chaque fois leurs pratiques.

2. La reconnaissance peut cependant engendrer des effets paradoxaux en allant à l'encontre des intérêts des équipes, par exemple, quand un élément moteur de l'équipe est appelé à d'autres fonctions.

SOUS-SECTION **3**

Les obstacles liés aux fragilités de certaines formes d'engagement

284 **Des formes d'engagement plus fragiles.** Les obstacles peuvent encore être dus aux fragilités de certaines formes d'engagement, différentes de celles que j'ai évoquées précédemment.

285 **Un engagement institutionnel.** Il peut, par exemple, s'agir d'un engagement que j'ai qualifié d'« institutionnel », où l'enseignant se considère essentiellement comme un exécutant. Cela consiste en conséquence à obéir à une injonction institutionnelle – qu'on la partage ou non – portée par tel ou tel texte législatif. C'est le cas, par exemple, de l'arrêté du 1er juillet 2013, relatif au référentiel des compétences professionnelles des métiers du professorat et de l'éducation, qui précise notamment les compétences de coopération au sein d'une équipe, de contribution à l'action de la communauté éducative, d'engagement dans une démarche individuelle et collective de développement professionnel. L'enseignant cherche à s'y conformer... quoi qu'il en pense.

286 **Un engagement suiviste.** Il existe encore un engagement que j'ai qualifié de « suiviste ». Il s'agit en l'occurrence de « suivre le mouvement », de manière plus ou moins contrainte. C'est le cas lors de projets d'équipe auxquels l'enseignant n'adhère pas véritablement ou lorsqu'un enseignant a été nommé dans un établissement où se pratique une pédagogie différente, qu'il ne connaît pas, voire qu'il n'apprécie pas vraiment[1]. Dans ces contextes, les enseignants ne sont pas convaincus mais « font avec », de manière plus ou moins intéressée (en tentant plus ou moins de comprendre et de s'informer) et plus ou moins facilitante (en tentant plus ou moins de s'insérer dans l'équipe et de mettre en pratique ce qu'ils comprennent des démarches mises en œuvre).

1. C'est en cela que la suppression des postes « à profil » constitue une mise en danger certaine des équipes qui pratiquent des pédagogies différentes.

287 **Un engagement stratégique.** Je propose enfin de considérer un engagement que j'ai qualifié de « stratégique ». Il s'agit en l'occurrence, quelles que soient ses positions pédagogiques, de saisir des opportunités créées, par exemple, par l'ouverture de classes ou de filières particulières au sein d'un établissement scolaire : établissement bien situé, classes ou filières dotées de moyens spécifiques et/ou d'effectifs réduits et/ou d'élèves sélectionnés, etc.

Cette diversité des modes d'engagement entraîne des risques non négligeables pour les collectifs pédagogiques, particulièrement en cas de recrutements selon les modalités que je viens de décrire puisque, dans ces cas de figure, l'engagement ne correspond pas à une véritable adhésion de l'enseignant.

SOUS-SECTION **4**

Les obstacles dus à des effets décevants

288 **La possibilité d'effets décevants.** Une autre raison du désengagement peut tenir à des effets jugés décevants. Ceux-ci peuvent être dus à différents facteurs : le choix d'une pratique inadaptée au contexte ou insuffisamment maîtrisée, une pratique engagée avec les élèves sans concevoir que sa maîtrise demande un temps de formation des élèves avant de s'avérer efficace (voir, par exemple, le travail en groupes), une composition d'équipe problématique, des contradictions entre une pratique adoptée et le système plus classique où elle s'insère : par exemple, des conseils d'élèves qui dérivent en conseils de dénonciation.

SOUS-SECTION **5**

Les obstacles dus à des effets de lassitude

289 **De multiples sources de lassitude.** Le désengagement peut encore tenir à des effets de lassitude engendrés par divers facteurs. Il peut s'agir de l'importance de l'investissement que nécessite un changement de pratiques ou un système pédagogique différent. Cela peut encore être dû à des évolutions sociales ressenties comme problématiques : développement de la violence et des trafics dans le quartier, développement du communautarisme, agressivité accrue de certains parents, etc. Mais la lassitude tient aussi, de manière importante, à la façon dont l'École et les équipes qui expérimentent sont malmenées par les pouvoirs politiques qui se succèdent, avec toujours et encore le manque de reconnaissance...

Il n'en demeure pas moins vrai que, de manière plus positive, le désengagement peut tenir à une dynamique personnelle : reprise d'études pour mieux penser ses pratiques avec, éventuellement, une thèse et un poste de formateur ou d'enseignant-chercheur à la clé, reconversion professionnelle (conseiller pédagogique, inspecteur, etc.) avec le souhait de pouvoir faire bénéficier des collègues de son expérience, volonté d'explorer de nouveaux secteurs scolaires (éducation spécialisée), etc. Dans ce cas, plus que de désengagement, il s'agit d'un déplacement des formes de l'engagement.

SOUS-SECTION **6**

Les obstacles générés par certaines formes de militantisme pédagogique

290 Les rigidités du militantisme. Il existe encore certains freins au développement des pratiques alternatives dus, de manière paradoxale, aux militants pédagogiques eux-mêmes[1]. En effet, au travers des contacts que j'ai pu entretenir avec certains d'entre eux lors des recherches que j'ai menées ou que je mène encore sur des écoles qui pratiquent des pédagogies alternatives, j'en suis arrivé à préciser certains problèmes tributaires du militantisme pédagogique lui-même.

1. Je reprends ici nombre d'éléments de ma communication au colloque de l'ACFAS à Gatineau : *Formes d'éducation alternatives au Québec et ailleurs ; terrains, réseaux, gouvernance*, le 29 mai 2019, intitulée : « Les freins à l'extension des pratiques alternatives à l'école dus aux militants pédagogiques eux-mêmes » et au chapitre d'un ouvrage à paraître aux éditions Alphil (Reuter Y., « Analyser un paradoxe : les discours du militantisme pédagogique comme freins au développement des pédagogies alternatives », *in* Darbellay F., Moody Z. et Louviot M. [dir.], *L'école autrement ? Les pédagogies alternatives en débat. Regards interdisciplinaires*, Éditions Alphil-PU suisses, à paraître).

291 L'absence de doute. Un des premiers problèmes qui accompagne le militantisme pédagogique – comme tout militantisme d'ailleurs – est la conviction inébranlable d'avoir raison. Cela fausse la communication dans la mesure où cela exclut, pour le militant, la possibilité de changer d'avis et ne laisse à l'interlocuteur d'autre option que celle d'être convaincu. Dès lors, le militant, imperméable aux réticences de son interlocuteur, s'étonne de l'absence d'adhésion de celui-ci à ses thèses, ce qui le conduit bien souvent à assener de plus en plus fortement ses certitudes sans s'apercevoir à quel point ce type de conduite peut exacerber les résistances.

Cela s'articule à la certitude qu'il existerait une stratégie pédagogique unique ou du moins bien meilleure que d'autres, y compris celles des autres innovateurs, au-delà de certains consensus (par exemple, les principes de l'éducation nouvelle). D'une certaine manière, les chapelles du gauchisme ne sont pas loin, avec un risque non négligeable de se considérer et de fonctionner, au moins pour certains leaders d'équipe, comme des « maîtres à penser »[1].

La conviction d'avoir raison a souvent pour conséquence le fait de se priver de certains moyens d'intervention (outils, situations, dispositifs, etc.) issus d'autres lieux pédagogiques ou didactiques. Il ne s'agit pas là d'un œcuménisme qui sous-estimerait le risque de déséquilibrer, par un apport hétérogène, un système pédagogique ayant fait ses preuves. Cela tient plutôt au fait qu'un système pédagogique peut toujours s'enrichir et, à ne pas se renouveler, risque de dépérir.

1. C'est le cas, à mon sens, de certains écrits anciens de l'école Vitruve (Équipe Vitruve, « Autogestion, congestion, digestion », art. cit. ; Équipe Vitruve, « Vitruve, quarante ans d'expérience », art. cit. ; Delbet G., *Vitruve : rassemblée générale, op. cit.* ; Serrero F., *Jean-Marc Houzet, instituteur à l'école Vitruve. Entretiens et analyse de pratiques, op. cit.*)

qui ne témoignent pas de la même ouverture d'esprit que les textes de Robert Gloton (*À la recherche de l'école de demain. Le groupe expérimental de pédagogie active du XXe arrondissement de Paris, op. cit.* ; *Au pays des enfants masqués, op. cit.*) qui fut l'instigateur de cette expérimentation. La rigidité est souvent moins le fait des pionniers que de leurs successeurs.

292 **Des risques possibles.** Ce militantisme peut encore conduire dans deux directions qui peuvent susciter des réserves ou, du moins, des interrogations. La première direction consiste à afficher comme objectif la construction d'un citoyen d'une société démocratique égalitaire où régneraient la coopération et l'entraide. Cela soulève deux problèmes : le fait que cette société n'est encore qu'un horizon, voire une utopie, et l'ambiguïté d'un projet qui consiste, au moins en partie, à souhaiter fabriquer un homme nouveau. La seconde direction consiste, dans cette perspective, à vouloir transformer les parents d'élèves eux-mêmes en instaurant des situations susceptibles de leur faire intégrer les modes de fonctionnement et les principes prônés par les militants pédagogiques.

Un autre problème lié à ce militantisme réside encore dans les relations souvent conflictuelles qu'il établit avec les institutions (voire avec les chercheurs), pensées de manière purement monolithique. Cela conduit à ignorer des différences de positionnement parfois importantes chez certains des représentants des institutions considérées et, pour un certain nombre d'entre eux, une réelle volonté de comprendre voire d'appuyer des expérimentations. Cette attitude peut entraîner en retour des postures crispées, ce qui peut être dommageable pour le travail mené.

293 **Des oppositions trop marquées.** Complémentairement, cette posture militante ainsi que les représentations qui l'accompagnent, notamment les oppositions avec la pédagogie traditionnelle, s'accompagnent d'un discours tranché sur le fossé infranchissable que la pédagogie mise en place instaurerait avec les pratiques traditionnelles. Cela conduit à occulter les nombreux aspects classiques des pratiques alternatives : la construction d'un élève sachant respecter nombre de codes scolaires (lever la main pour prendre la parole, écouter le maître et ses pairs, être poli, arriver à l'heure, venir avec ses affaires, etc.), ainsi que les savoirs scolaires (souvent peu interrogés) et construisant un rapport respectueux à la culture légitime.

294 **Une transmission problématique.** Un autre type de problème réside dans un rapport parfois paradoxal à la transmission entre militants et, selon moi, enseignants intéressés par le changement pédagogique. Je parlerais volontiers ici d'une transmission prudente, voire réticente. Elle est posée comme nécessitant du temps, des efforts, un investissement dans des stages où on peut voir « pour de vrai » le dispositif fonctionner sous la gouverne d'« anciens »[1], d'un encadrement par une association ou une équipe[2]. Bref, au-delà de l'invitation, il faut montrer patte blanche et manifester du respect et il est vivement conseillé d'éviter de grappiller uniquement telle ou telle composante du système. On peut sans doute comprendre cela

de multiples façons : reconduction d'un système qu'on a soi-même connu, sentiment que cela se mérite et que le travail est indispensable, méfiance devant des formes d'investissement différentes de celles des générations précédentes, sentiment que certains postulants peuvent être dans la position de rechercher des bénéfices[3] là où il avait fallu nombre de sacrifices pour construire une alternative, ou encore désir de se constituer comme une référence... Il n'en demeure pas moins vrai que cela peut rebuter en donnant l'impression qu'on se méfie des postulants ou encore qu'il s'agit d'adhérer à des comportements non sans relation avec des organisations relativement sectaires, qui cherchent à se préserver et refusent de délivrer un brevet sans épreuves à surmonter.

1. Ce qui n'est pas sans entraîner des effets d'admiration et d'imposition.

2. Ces collectifs sont indissociablement des formes de contrôle.

3. Bénéfices liés, par exemple, à l'emplacement de l'école ou au type de public.

295 **Une extension trop rapide.** Les obstacles précédents sont d'autant plus importants que la discussion est très vite posée sur le plan des principes fondamentaux, voire du système pédagogique dans son entièreté, et non des principes d'action et des pratiques. Cela freine, à mon sens, une entrée limitée et prudente dans l'innovation pour les débutants qui ne sont pas encore assurés ou pour les enseignants plus expérimentés mais pas totalement convaincus. À cela s'ajoute une volonté d'étendre la pédagogie de manière (trop) rapide, sans véritable concertation avec les enseignants et sans véritable formation préalable, ce qui ne manque pas d'engendrer des faiblesses voire des malentendus liés à un temps de formation-maturation insuffisant[1], ou à fermer les yeux sur les problèmes rencontrés en misant plus sur l'affichage de l'essaimage que sur la réalité de ce qui se passe.

1. Par exemple, sur la formation des maîtres au Togo, le rapport de Dominique Lahanier-Reuter (*Effets de formations des enseignants au primaire au Togo*, *op. cit.*).

296 **Des modalités d'investissement particulièrement exigeantes.** Une autre catégorie de problèmes tient aux modalités de l'investissement des enseignants militants. L'importance de leur engagement excède de beaucoup les fonctionnements courants et est souvent tel qu'il engendre fatigue (et usure à terme) et porosité entre vie privée et vie professionnelle. J'avais parlé à ce propos[1] d'un choix de vie tout autant que d'un choix professionnel. Dès lors, cela peut ne pas correspondre aux conceptions du métier de nombre d'enseignants et à la volonté de sauvegarder leur vie privée. Cela constitue d'ailleurs, me semble-t-il, le lieu d'un clivage qui se développe entre générations. En effet, le rapport entre engagement pédagogique et vie privée s'est modifié et celle-ci est, sans doute plus qu'auparavant, considérée comme indépendante et à préserver. De surcroît, l'articulation à la vie politique et à la volonté de changer le monde s'est aussi modifiée, passant sans doute moins qu'auparavant par les partis politiques classiques et par la volonté d'articuler les luttes pédagogiques aux luttes du monde

ouvrier. Enfin, le rapport engagement/bénéfices est parfois différent : là où les pionniers acceptaient des renoncements (au niveau du statut, des conditions salariales, des conditions de vie et d'enseignement, etc.) pour pouvoir mettre en pratique leurs conceptions et effectuer des expérimentations, les nouveaux innovateurs, au moins pour certains d'entre eux, ont parfois tendance à rechercher des bénéfices (nomination moins éloignée, fonctionnements installés et aide des anciens, prestige extérieur, soutien plus important des familles, etc.).

En second lieu, les modalités de l'investissement, ainsi que certaines revendications telles la constitution des équipes par cooptation et l'obtention de postes à profil, peuvent conduire à des tensions – parfois chez le même individu – entre logiques pédagogique et syndicale[2], chacune ayant sa pertinence. Ainsi, dans un des documentaires réalisés sur l'école Vitruve, Christine, l'institutrice, dit : « c'est nous qui nous donnons les moyens de faire, nous ne les attendons pas » et un autre collègue parle de « faire aujourd'hui les lendemains qui chantent ».

1. Reuter Y. (dir.), *Dictionnaire des concepts fondamentaux des didactiques, op. cit.*
2. Voir les films *Une école de la République* et *On ne peut faire boire un cheval qui n'a pas soif.*

297 **La complexité de la compétence professionnelle.** De plus, si on analyse la compétence professionnelle exigée dans ces pratiques, on s'aperçoit qu'elle est souvent d'une grande complexité : gérer des dispositifs diversifiés, discipliner sans contraindre, articuler dans une même classe recherches individuelles et recherches collectives, etc. Cette compétence, difficile à construire, se réalise souvent en dehors des formations institutionnelles, du moins en France. Elle nécessite donc, là encore, du temps et de la disponibilité pour un compagnonnage passant par les mouvements pédagogiques (et pas toujours exempt de remarques acerbes envers ceux qui ne comprennent pas assez vite ou se montrent critiques). On conçoit alors qu'elle puisse susciter certaines réticences...

Il est encore nécessaire de développer une croyance en la vertu des pratiques mises en place afin de justifier l'investissement, voire les sacrifices consentis. On conviendra alors que certains puissent se défier d'une telle foi sans doute nécessaire à l'action mais qui laisse parfois peu de place aux doutes.

298 **Une véritable prise de risques.** Je m'arrêterai encore sur la responsabilité qu'acceptent d'assumer ces pédagogues qui prônent que tous les élèves sont éducables pourvu que le milieu pédagogique le permette. Cela les conduit à endosser une lourde responsabilité : non seulement celle des succès mais aussi celle des échecs. Ici encore, on peut concevoir que cela effraie et empêche de dormir.

Pour pratiquer les pédagogies alternatives, il est de surcroît nécessaire, ainsi que je l'ai écrit précédemment dans ce chapitre, de sortir des fonctionnements classiques et d'exposer ce qu'on fait dans sa classe aux autres collègues. Il faut accepter de tâtonner, de sortir des routines et certitudes, de se remettre en question et d'être remis en question. Il s'agit d'une prise de risques non négligeable qui nécessite un accompagnement collectif bienveillant, pour être vécue sans trop de mal-être.

299 **La sous-estimation de l'érosion des dispositifs.** Une autre famille d'obstacles tient à l'érosion des dispositifs pédagogiques. De fait, la reconduction, d'année en année, de certains dispositifs considérés comme structurellement attachés au système mis en place peut conduire à percevoir avec retard les difficultés de leur fonctionnement. C'est le cas lorsque le sens et les fonctions de ces dispositifs n'ont pas été reclarifiés par des situations qui les nécessitent. Dès lors, ces dispositifs, quels qu'ils soient (entretiens du matin, recherches, métiers, etc.), ne sont plus véritablement appropriés. Ils ne sont plus le résultat d'une réflexion et d'une construction commune qui leur donnent sens aux yeux des élèves actuels, voire des maîtres nouveaux arrivants. Ils ne constituent plus qu'une façade qui, au moins pour un temps, donne l'illusion que cela fonctionne, au prix d'un respect formel – mais non d'une adhésion – de la part des élèves (voire des maîtres). Cette situation peut à peu près survivre jusqu'à ce que les problèmes remontent à la surface, d'une manière ou d'une autre, et nécessitent ce que j'ai désigné[1] comme un double système de règles. Cela signifie que les règles du système pédagogique alternatif ne suffisent pas vraiment et qu'elles ont besoin d'être garanties par d'autres règles, relativement hétérogènes. Ainsi, il n'est pas rare de constater qu'outre les dispositifs mis en place pour assurer la quiétude du travail, les maîtres ont besoin de hausser la voix, de crier ou de sanctionner certains élèves dans des fonctionnements qui – quoi qu'ils s'en défendent – sont proches de fonctionnements classiques.

1. Reuter Y., *L'école Vitruve : un laboratoire de l'expérimentation pédagogique*, *op. cit.*

300 **Le cloisonnement entre pédagogie et didactiques.** La dernière famille de problèmes, sur laquelle je m'arrêterai, concerne les relations entre les perspectives pédagogique et disciplinaire. L'entrée pédagogique est entendue ici comme la réflexion sur les modalités d'enseignement et d'apprentissages et sur leurs relations, réflexion envisagée de manière relativement indépendante des contenus et des disciplines. Elle est donc différente de l'entrée didactique qui réfléchit à l'enseignement et aux apprentissages à partir du prisme prioritaire des contenus et des disciplines[1].

De fait, l'entrée pédagogique est prédominante chez ceux qui prônent des pédagogies différentes. Cela s'explique par de multiples facteurs : la priorité accordée aux principes fondamentaux, la pédagogie comme point commun entre les enseignants quels que soient leur statut et leur discipline, le poids des enseignants du primaire... même si tous ces facteurs sont parfois accentués dans les discours et conduisent à une quasi-opposition pour certains[2].

Cette situation est sans doute exacerbée par des tensions regrettables entre théoriciens de l'entrée pédagogique et théoriciens de l'entrée didactique. De manière caricaturale, les premiers reprochent aux seconds une entrée techniciste et le fait de privilégier un « apprenant épistémique », approche qui, selon eux, occulte les multiples dimensions qui constituent un enfant. De manière tout aussi caricaturale, les seconds reprochent aux pédagogues des confusions entre recherches et actions, des glissements entre explications et prescriptions et une relative indifférence au poids des contenus. Tout cela peut d'ailleurs prendre des formes extrêmes, peu compatibles à mon sens avec de véritables débats théoriques[3].

Ces oppositions et cette méfiance de certains militants pédagogiques devant les approches didactiques entraînent en tout cas certaines conséquences non négligeables : la sous-estimation des variations nécessaires dans la mise en œuvre des principes pédagogiques selon les disciplines (ainsi, la pédagogie du projet est attestée dans certaines disciplines, moins dans d'autres), les résistances d'un certain nombre d'enseignants du secondaire, un travail parfois très classique dans certains domaines disciplinaires, la privation de certains concepts précieux (« communauté discursive », « conscience disciplinaire », « contrat didactique », « dévolution », etc.), une réflexion parfois insuffisante sur les contenus et, par voie de conséquence, des pistes non explorées dans la compréhension des difficultés des élèves ou encore l'absence d'utilisation de dispositifs de travail intéressants construits par les didacticiens[4].

Ma position consiste donc à rappeler que tout acte d'enseignement comporte une dimension disciplinaire et une dimension pédagogique et que les frontières sont poreuses si on accepte, d'une part, qu'une discipline est constituée non seulement de contenus mais aussi d'organisations possibles de contenus, de démarches, de situations et de dispositifs et d'exercices[5] et que, d'autre part, la pertinence de démarches et de dispositifs peut difficilement s'évaluer en dehors de l'appropriation de contenus spécifiques. Il me semblerait donc dommageable de se priver de la culture des uns et des autres, d'autant plus que les points de convergence sont, à mon sens, bien plus importants qu'on ne le pense.

1. Reuter Y. (dir.), *Dictionnaire des concepts fondamentaux des didactiques*, *op. cit.*

2. Un collègue, dans un groupe d'autoformation d'enseignants, exprime cela nettement en disant, par exemple, que l'accueil des parents est bien plus important que la méthode de lecture choisie.

3. « Les sociétés humaines souffrent du sort séculaire fait au didactique, cette dimension essentielle de leur existence, dont la didactique doit nous donner l'intelligence, et qu'elle doit concourir fondamentalement à sortir de l'extrême sous-développement où un antique déni l'a maintenue. À la fin de sa 31e nouvelle conférence d'introduction à la psychanalyse (1933), Freud glisse une formule qui allait devenir fameuse : "*Wo es war, soll Ich werden*", ce qu'on a pu traduire ainsi : "Là où était le ça (*es*), le moi (*Ich*) doit advenir." Il la fait suivre d'un ultime commentaire : "C'est un travail de civilisation, un peu comme l'assèchement du Zuiderzee" (*Es ist Kulturarbeit wie etwa die Trockenlegung der Zuyderzee*). Nous disons de même : là où était le pédagogique, le didactique doit advenir. Le travail de civilisation (*Kulturarbeit*), l'assèchement du Zuiderzee pédagogique, incombe à la didactique

par-delà son morcellement actuel » (Chevallard Y., « La didactique, dites-vous ? », *Éducation et didactique* 2010, vol. 4, n° 1, p. 145-146).

4. Je pense, entre autres, aux ateliers d'écriture et aux dispositifs de réécriture, aux situations-problèmes, aux narrations de recherche, etc.

5. Chervel A., « L'histoire des disciplines scolaires. Réflexions sur un domaine de recherche », art. cit., p. 59-119.

SOUS-SECTION **7**

Comprendre les obstacles « internes » pour mieux les surmonter

301 **Comprendre pour aider.** Je souhaite, au moment de conclure sur ces différents obstacles, dus au militantisme pédagogique lui-même, qu'on ne se méprenne pas sur mon propos. Il s'agit essentiellement, dans mon esprit, d'une description qui se veut compréhensive. Son enjeu est de mieux comprendre les obstacles que rencontrent la diffusion et le développement des pédagogies alternatives.

En déplaçant ainsi la perspective des obstacles « externes », bien connus, vers les obstacles « internes », c'est-à-dire vers ce qui dépend des militants pédagogiques eux-mêmes, cela me paraît permettre une vigilance accrue quant aux effets des discours tenus et, peut-être, des modifications de ces discours afin de rendre plus audibles les propositions avancées.

SECTION **3**

Retour sur quelques intérêts des pratiques et pédagogies différentes

SOUS-SECTION **1**

Les transformations de la « forme scolaire »

302 **Des conceptions différentes.** Il est clair que les pratiques et les pédagogies dont je viens de proposer une étude se différencient nettement de la « forme scolaire »[1] ou du moins de ses actualisations pédagogiques les plus traditionnelles. Ainsi, l'École sanctuarisée, refermée sur elle-même, est contestée au profit d'une École ouverte sur le monde. Le travail avec d'autres partenaires est considéré comme une nécessité, afin de sortir du vase clos de la classe ou de l'école : que cela concerne les relations avec différentes institutions ou associations, les relations avec des intervenants extérieurs, le travail avec les parents ou encore des relations avec des acteurs internes à l'école mais autres que le personnel enseignant. Tout cela participe de la construction d'une communauté éducative élargie. La classe, en tant qu'entité administrative fixe, cède la place à des groupes de taille variable reliés à des besoins, des recherches ou des projets plutôt qu'à des niveaux.

L'enseignement est conçu comme la construction de situations et de dispositifs susceptibles de stimuler le désir d'apprendre et d'étayer des cheminements d'apprentissages diversifiés plutôt que comme exposition et imposition communes à tous. Conséquemment, l'enseignant se constitue comme aide et comme garant plus que comme contrôleur. Les modalités de travail classiques (exposition du maître, exercices d'application, contrôles, etc.) sont modifiées et enrichies par des dispositifs différents : projets, stages, ateliers, etc. Le travail en équipe des professeurs et une autoformation importante remplacent un travail individuel et solitaire.

À la soumission des élèves et à leur relative impuissance est préféré le pouvoir construit avec les élèves, *via* les conseils, la coélaboration de règles, les métiers, etc. Cela se fonde non seulement sur des convictions éthiques mais plus encore sur des considérations pragmatiques : les apprentissages se déroulent mieux lorsque les élèves se sentent reconnus comme des êtres responsables qui ont du pouvoir sur leur vie. À la compétition est préférée la coopération *via* les conseils et l'entraide entre élèves de même âge ou d'âges différents. Une multiplicité de rôles conférés aux élèves remplace le rôle unique qui était le leur. La progression spiralaire est préférée à la progression linéaire.

1. Au sens que donne Guy Vincent à cette expression : Vincent G., *L'école primaire française*, 1980, Lyon, PU Lyon ; Vincent G. (dir.), *L'éducation prisonnière de la forme scolaire ? Scolarisation et socialisation dans les sociétés industrielles*, 1994, Lyon, PU Lyon ; Vincent G., « La forme scolaire : débats et mises au point (première partie) », entretien avec Courtebras B. et Reuter Y., *Recherches en didactiques* 2012, n° 13, « Les contenus disciplinaires », p. 109-135.

SOUS-SECTION **2**

Les intérêts de ces transformations

303 **L'enseignement traditionnel fonctionne de plus en plus difficilement.** Alors, est-il intéressant d'intégrer pratiques et pédagogies différentes ? On peut le penser au regard d'un certain nombre d'éléments[1]. En effet, ainsi que nombre de travaux le montrent, l'enseignement classique a de plus en plus de mal à fonctionner, non seulement face à des publics en difficulté, mais aussi dans les conditions ordinaires de classe. Il est, dès lors, éprouvant pour les maîtres, qui estiment passer beaucoup trop de temps à faire de la discipline. D'ailleurs, la France est un des pays de l'OCDE où ce phénomène est le plus marqué, où les cours sont les plus perturbés[2].

Cela entraîne une perte importante de temps de travail avec, ici encore, des écarts importants entre établissements « favorisés » et « non favorisés ». De surcroît, les effets positifs de cette pédagogie classique apparaissent de plus en plus limités : ennui des élèves, moindre implication, décrochage scolaire, écarts qui s'accentuent, etc. Et elle ne réduit pas l'échec, notamment en ce qu'il est socialement différencié (voir les analyses internationales). C'est, là encore, une spécificité française à interroger. De plus, cet enseignement est tendanciellement contradictoire avec les principes et valeurs affichés et les effets recherchés : l'autonomie des élèves est faible, les valeurs démocratiques sont affirmées dans les discours mais peu concrétisées dans les pratiques, l'esprit critique est peu sollicité, le respect de l'autre n'est pas toujours présent et les droits des enfants demeurent peu respectés... Cela engendre un mal-être des enseignants et des élèves, des résistances ou des contestations[3].

De plus, on peut souvent constater que certaines pratiques alternatives passent mieux auprès des élèves. Ces pratiques ou pédagogies servent d'ailleurs pour les tentatives de remédiation aux échecs de l'enseignement classique : structures de retour à l'école, écoles de la seconde chance, établissements innovants, lutte contre le décrochage scolaire, etc. mais aussi expérimentations liées à l'article 34 de la loi de 2005. Elles ont montré leur intérêt dans la lutte contre l'illettrisme avec ATD Quart Monde ou dans le tiers-monde avec l'UNESCO[4]. De surcroît, nos évaluations d'expériences plus systématiques se sont avérées particulièrement probantes[5], y compris dans la lutte contre un échec scolaire socialement différencié.

1. Au-delà d'un certain nombre de réserves légitimes : toutes les pédagogies différentes ne se valent pas, leurs effets dépendent de la maîtrise de ceux qui les mettent en œuvre et il existe, ici comme ailleurs, des charlatans.

2. 50 % des élèves signalent du bruit et près de 20 % d'entre eux se plaignent du temps perdu.

3. Il n'en demeure pas moins vrai qu'il convient de faire attention aux généralisations hâtives : certains élèves s'y trouvent bien et nombre de familles y adhèrent.

4. Et même dans les crèches (GEDREM, 1980, notamment, p. 158-159).

5. Reuter Y. (dir.), *Dictionnaire des concepts fondamentaux des didactiques*, *op. cit.* ; Reuter Y., *L'école Vitruve : un laboratoire de l'expérimentation pédagogique*, *op. cit.*

SOUS-SECTION **3**

La congruence avec nombre de recherches

304 **Les éléments favorisant les apprentissages.** En fait, cela n'est pas étonnant au vu de nombre d'éléments mis au jour dans diverses recherches qui insistent sur l'intérêt du travail collaboratif entre les enseignants[1], sur les bénéfices d'un bon climat de travail, du temps réel d'apprentissage, ou encore des pratiques de différenciation et de coopération. C'est, par exemple, le cas de la conférence de synthèse du CNESCO des 7-8 mars 2017 dont je synthétise et reformule certaines des conclusions. Les apprentissages sont

plus efficaces lorsqu'un bon climat de classe existe. La coopération entre élèves peut aussi engendrer un effet démultiplicateur sur les apprentissages. L'engagement des élèves dans les apprentissages est renforcé par l'accent porté sur l'autoévaluation. L'enseignement est d'autant plus efficace que chaque enseignant peut prendre appui sur une équipe enseignante qui partage la responsabilité de faire progresser tous les élèves.

1. Selon les enquêtes PISA, les pays où les échanges entre enseignants sont les plus importants – ce qui n'est pas le cas de la France – sont ceux qui produisent les meilleurs résultats chez les élèves. Ce sont aussi ceux qui connaissent les plus faibles taux d'abandon chez les enseignants lors des premières années ainsi que les plus faibles taux de *burn-out*.

305 **Les préconisations du CNESCO.** Cela avait conduit le CNESCO aux préconisations suivantes que je synthétise et reformule, ici encore : prendre en compte l'hétérogénéité des élèves tout en maintenant des situations et des enjeux collectifs ; adopter des postures enseignantes variées susceptibles de développer réflexivité et créativité chez les élèves ; ménager des temps conséquents pour l'accompagnement en favorisant les échanges et la réflexion ; responsabiliser les élèves *via* une autoévaluation, à divers moments des apprentissages, afin de créer les conditions pour que les élèves formulent, avec leur enseignant, les critères de réussite des tâches ; travailler à plusieurs enseignants afin d'accorder une attention plus fine à tous les élèves ; faire coopérer les élèves pour favoriser l'acquisition de savoirs et de compétences relationnelles ; organiser un tutorat entre élèves afin que les deux élèves (le tuteur et le tutoré) en bénéficient. Il est encore suggéré de considérer l'établissement comme le lieu de construction de la pédagogie afin de favoriser une collaboration entre acteurs et d'engager les équipes à mutualiser leurs questionnements, leurs besoins et leurs pratiques, afin aussi de leur permettre d'observer et d'analyser collectivement les difficultés des élèves et les pratiques des enseignants, de capitaliser les connaissances produites lors de ces activités, de s'accorder sur des objectifs communs à atteindre. Une proposition complémentaire consiste à favoriser l'hétérogénéité des regroupements des élèves, tout en organisant des groupes restreints temporaires et non permanents. En effet, la différenciation, par classes ou groupes de niveaux, effectuée de manière permanente, amplifie les écarts de performances entre élèves et creuse les inégalités, notamment celles liées à l'origine sociale. Cela n'exclut cependant pas la possibilité de regroupements homogènes ponctuels s'ils visent l'acquisition d'une compétence très précise.

306 **La citoyenneté.** Ces pratiques pédagogiques différentes vont encore dans le sens des recommandations du CNESCO en matière de citoyenneté sur la base de la littérature théorique existante. Il est ainsi noté dans la présentation du dossier[1] que :

> Les méthodes de pédagogie active (débats en classe, projets citoyens *versus* cours magistral d'éducation civique) sont peu développées en France. Pourtant, selon les études, ces méthodes ont un impact positif sur l'apprentissage de la citoyenneté.

Nathalie Mons, qui était la présidente du CNESCO, précisait encore dans l'introduction à ce même dossier :

> De façon générale, ce sont les méthodes pédagogiques qui rendent l'élève actif qui permettent aux jeunes de s'approprier nos valeurs plutôt que des enseignements hors-sol magistraux : par exemple, pour comprendre la valeur « fraternité » qui peut rester tout à fait théorique pour les jeunes s'ils se contentent de la lire sur les frontons des édifices publics et dans les manuels scolaires, une classe peut développer un projet citoyen dans un objectif de solidarité dans son quartier encadré par ses professeurs et soutenu par la municipalité. Plus globalement, c'est aussi un climat pédagogique ouvert [...] qui a des effets positifs sur les connaissances et les attitudes civiques des élèves. Il tend à développer leur implication dans des discussions politiques hors de l'école et leur suivi des campagnes politiques par exemple.

Les recherches montrent également que la participation des élèves à la vie collective de l'établissement a des effets plus importants que l'engagement des élèves hors de l'école (par exemple dans des associations, etc.). Et l'éducation à la citoyenneté bénéficie particulièrement aux élèves issus des milieux défavorisés socialement (développement des connaissances civiques, intérêt pour la politique, valorisation de la participation citoyenne, etc.).

J'insisterai encore sur les mécanismes de sécurisation des élèves et des familles, sur la reconnaissance du travail et des efforts fournis, sur l'importance des relations avec les familles et leurs cultures[2], sur la mobilisation des ressources existantes[3], etc.

Il convient enfin, dans cette perspective de lutte contre l'échec scolaire en tant qu'il est socialement différencié, d'insister sur trois points qui me paraissent fondamentaux :
- ces pédagogies – à la différence des pratiques classiques – ne considèrent pas le « déjà-là » des pratiques sociales et culturelles des élèves comme des manques ou des handicaps mais comme des ressources possibles ;
- elles s'appuient sur des valeurs importantes dans les milieux populaires, notamment l'entraide, susceptible de transformer les élèves solitaires en élèves solidaires ;
- elles instaurent, *via* ce changement de regard et de pratiques, une reconnaissance symbolique des familles et des élèves, non négligeable pour envisager l'avenir[4].

En outre, et ce n'est pas négligeable, la connaissance de ces pratiques et de ces pédagogies permet, *via* la formation initiale et/ou continue, d'ouvrir la palette des outils pédagogiques des enseignants.

1. CNESCO, *Éducation à la citoyenneté à l'école*, dossier de synthèse, 2016 (*www.cnesco.fr/fr/dossier-citoyennete/*).

2. Cela empêche notamment d'humilier les élèves et leurs parents en faisant comme si « on partait de rien ».

3. Voir les travaux de sociologie sur les ressources des individus vivant dans des situations sociales difficiles (par exemple : Faure S. et Thin D. [dir.], *S'en sortir malgré tout. Parcours en classes populaires*, 2019, Paris, La Dispute).

4. Faure S. et Thin D. (dir.), *S'en sortir malgré tout. Parcours en classes populaires*, *op. cit.*

Conclusion
Trois débats et une ouverture

307 **Trois débats pour conclure.** Il me semble difficile de clore cet ouvrage sans évoquer trois débats fondamentaux quant à l'essaimage des pratiques et pédagogies différentes.

308 **Quels leviers privilégier pour l'essaimage ?** Le premier débat porte sur les possibilités d'essaimage qui varient selon le levier qu'on privilégie. Ainsi, privilégier la dimension des principes fondamentaux et des systèmes pédagogiques différents dans leur entièreté est indéniablement intéressant au vu des études qui ont été menées mais leur transférabilité se heurte à des obstacles que nous avons analysés dans le chapitre précédent. La transférabilité des pratiques repose, de son côté, sur l'idée qu'il est intéressant de s'emparer de pratiques qui « marchent » et qui résolvent ainsi certains problèmes précis et localisés pour lesquels on a fait appel à elles. Il peut ainsi s'agir moins de changer de système que de « panser » le système dans lequel on fonctionne. Même si le risque demeure de vider de leur sens certaines pratiques, il me semble que ces pratiques alternatives « ponctuelles » ne sont pas inintéressantes si on accepte l'idée que tous les enseignants ne sont pas disposés à rentrer « d'un coup » dans un autre système de pensée et de pratiques. Le « bougé » même local de pratiques peut permettre de changer de regard sur les élèves et sur les systèmes alternatifs. Il peut, par voie de conséquence, faciliter des cheminements différenciés. Les principes d'action, quant à eux, sont peut-être plus incarnés et moins clivants que les principes fondamentaux et permettent d'ouvrir à de multiples dispositifs et pratiques. Ils constituent ainsi un levier intéressant pour penser les transformations possibles. C'est pourquoi, je porterais volontiers l'accent sur la solidarité de l'équipe, l'établissement d'un climat propice aux apprentissages, la recherche constante de clarté quant aux cadres, tâches et objectifs, la construction collective et récurrente des règles de fonctionnement ainsi que sur leur respect scrupuleux, le respect des élèves et l'attention

constante à leur cheminement, aux questions qu'ils se posent et aux problèmes qu'ils peuvent soulever, le souci d'informer le plus précisément possible les parents et de les impliquer, la coopération et l'entraide ainsi que l'articulation entre la reconnaissance des sujets dans leur singularité et la construction d'une collectivité d'apprentissage. J'insisterais aussi sur l'importance accordée au travail et à sa conscientisation accompagnée d'un souci de valorisation des efforts de chacun, l'articulation constante entre activités (diversifiées et pourvues de sens pour les élèves, etc.) et construction d'une attitude réflexive ainsi que l'instauration d'une diversité de positions par rapport aux savoirs. J'insisterais encore sur la place importante attribuée au temps et la construction d'une culture commune à la classe, transaction entre cultures scolaires et extrascolaires, patrimoine commun et base des recherches, etc.

309 **Quel système scolaire souhaite-t-on ?** Le deuxième débat, qu'on ne peut esquiver, porte sur le système scolaire dans sa globalité. Souhaite-t-on un système unifié, commun à tous les élèves ou accepte-t-on, et jusqu'où, les disparités pédagogiques entre écoles, avec les risques du morcellement et de la concurrence ? Il est clair, par exemple, que certaines « réussites » dépendent de la constitution de l'équipe par cooptation dont on comprend la justification dans le cas d'une école en péril au sein d'un milieu particulièrement défavorisé. Mais on doit aussi en envisager les dérives possibles si ce système se généralisait en dehors de projets d'action ciblés et justifiés. On peut encore se demander jusqu'où il est souhaitable de tenter d'unifier des fonctionnements scolaires autour de telle ou telle pédagogie différente. En matière de recherches, l'état des lieux sur lequel se fonderait une telle décision demeure encore, à mon sens, bien trop lacunaire : il est en effet nécessaire d'approfondir ces questions en prenant en compte la diversité des modes de travail pédagogique alternatifs et en précisant cela en ce qui concerne la pédagogie « classique » ou « traditionnelle », lorsqu'elle est pratiquée avec des enseignants compétents et respectueux des élèves, afin de ne pas stigmatiser trop vite des fonctionnements parfois hâtivement agglomérés et critiqués en s'appuyant sur certaines dérives. Complémentairement, souhaite-t-on un système sélectif et élitiste ou non ? Souhaite-t-on encore une École qui reproduise la société ou qui fabrique des acteurs pourvus d'un esprit critique et capables de la contester ? Il me semble en tout cas indispensable de ne pas esquiver le débat sur le système scolaire souhaitable. En se gardant cependant de confondre unité du système et indifférence aux différences.

310 **Quelle formation des maîtres ?** Le troisième débat concerne la formation des maîtres. Il me semble, ainsi que je l'ai rappelé tout au long de cet ouvrage, qu'elle est à développer en France. Et, si on veut prendre en compte la possibilité de démarches ou de pratiques différentes,

quatre directions sont peut-être à privilégier. En premier lieu, porter l'accent sur les principes communs aux différentes pédagogies alternatives « qui marchent » afin d'éviter, au moins dans un premier temps, une formation purement militante centrée sur tel ou tel mouvement pédagogique, et cela pour deux raisons : d'abord parce qu'il est impossible dans le temps de formation imparti de donner la parole à toutes les pédagogies différentes, ensuite parce que le propre du militantisme est de retenir ce qui va dans son sens et d'évacuer ce qui n'y va pas, ce qui n'est sans doute pas souhaitable dans une formation des maîtres ouverte au doute critique. En second lieu, il me paraît intéressant de recourir à des stages de formation continue en plusieurs sessions qui permettent le temps de la familiarisation, le temps de l'essai, le temps de la socialisation des intérêts et des limites de ce qui a été proposé. Il me semble aussi indispensable de penser l'articulation entre formation initiale et formation continue. Enfin, il me semblerait nécessaire, dans le cadre de cette articulation, de favoriser les multiples formes et articulations entre formation, autoformation et coformation[1].

1. C'est une des raisons pour lesquelles la recherche sur un groupe d'enseignants en autoformation coopérative, que j'ai évoquée précédemment, m'intéresse autant.

311 **Changer ?** Pour conclure définitivement cet ouvrage, je dirais que, sur la base des recherches menées et des analyses proposées, nombre d'éléments plaident pour l'introduction de démarches et de pratiques différentes : c'est intéressant, c'est possible, c'est souhaitable. Elles ne peuvent certes pas tout mais elles peuvent beaucoup.

Je plaiderais cependant pour une véritable prudence, tant les maîtres ont été malmenés de réforme en réforme et tant l'imposition et l'absence de formation préalable sont contre-productives. À l'encontre de l'imposition, je plaiderais donc pour ouvrir des possibles en formant les maîtres et les équipes, en les accompagnant, en les encourageant et en socialisant leurs expériences afin de les partager et de les affiner.

En bref, valoriser les enseignants, donner les moyens d'une formation initiale et continue digne de ce nom, encourager les expérimentations, alléger les pressions sur ceux qui les mènent, donner aux chercheurs le temps de les décrire et d'analyser leurs effets, apprendre aux politiques à privilégier les intérêts des acteurs et la lutte contre l'échec scolaire à moyen et à long terme plutôt que leur carrière politique à court terme.

Ce n'est certes pas gagné mais cela vaut peut-être le coup d'être tenté...

Table des sigles

ATSEM	Agent territorial spécialisé des écoles maternelles
AVS	Auxiliaire de vie scolaire
BELC	Bureau d'études et de liaison pour l'enseignement du français dans le monde
CARDIE	Conseiller ou conseillère académique recherche développement innovation et expérimentation
CEMEA	Centres d'entraînement aux méthodes d'éducation actives
CNESCO	Centre national d'étude des systèmes scolaires
CRESAS	Centre de recherche de l'éducation spécialisée et de l'adaptation scolaire
FESPI	Fédération des établissements scolaires publics innovants
GEDREM	Groupe d'études pour la défense et la rénovation permanente de l'école maternelle
GFEN	Groupe français d'éducation nouvelle
ICEM	Institut coopératif de l'école moderne – Pédagogie Freinet
IEN	Inspecteur de l'Éducation nationale
IFE	Institut français d'éducation
INRP	Institut national de recherche pédagogique
INSPE	Institut national supérieur du professorat et de l'éducation
MAI	Mission académique à l'innovation
OCCE	Office central de la coopération à l'école
OCDE	Organisation de coopération et de développement économique
PAI	Projet d'accueil individualisé
PAP	Programme d'accompagnement personnalisé
PISA	Programme international pour le suivi des acquis des élèves
PMI	Protection maternelle et infantile
PPRE	Programme personnel de réussite éducative
QCM	Questionnaire à choix multiples
REP	Réseau d'enseignement prioritaire
UNESCO	Organisation des Nations unies pour l'éducation, la science et la culture

Références bibliographiques

AGOSTINI P., BONNARD M., CHNEIWEISS B., DAYOT L. et GALLICE L., *Vitruve-Blouse*, 1986, Paris, Éditions Syros.

ALLAM M.-C., « La médiatisation des pédagogies alternatives entre les années 1970 et 2000 : Dynamiques de dépolitisation et construction d'un problème public éducatif », *Trema* 2018, n° 50 [en ligne], *http://journals.openedition.org/trema/4219*

ANTIBI A., *La constante macabre ou comment a-t-on découragé des générations d'élèves*, 2003, Math'Adore.

ASTOLFI J.-P., *L'erreur, un outil pour enseigner*, 1997, Paris, ESF.

BARRÉ DE MINIAC C., CROS F. et RUIZ J., *Les collégiens et l'écriture. Des attentes familiales aux exigences scolaires*, 1993, Paris, ESF.

BART D. et REUTER Y. (dir.), « Innovations et expérimentations scolaires : regards et interrogations de la recherche », *Les Sciences de l'éducation. Pour l'Ère nouvelle* 2013, vol. 46, n° 3, coordination du dossier.

BAUDRIT A., *Le tutorat, richesse d'une méthode pédagogique*, 2007, Bruxelles, De Boeck ; « Apprentissage coopératif et entraide à l'école », *Revue française de pédagogie* 2005, n° 153, p. 121-149.

BÉCOUSSE G. et JOVENET A.-M., « Changement et continuité, l'entrée en classe de sixième », *in* REUTER Y. (dir.), *Une école Freinet. Fonctionnements et effets d'une pédagogie alternative en milieu populaire*, 2007, Paris, L'Harmattan, p. 63-88.

BERGERON P., « La parole des anciens élèves comme éléments de l'évaluation d'une structure scolaire différente : l'exemple du lycée pilote innovant international de Jaunay Clan », *in* HUGON M.-A. et VIAUD M.-L. (dir.), *Les établissements scolaires « différents » et la recherche en education. Problèmes méthodologiques et épistémologiques*, 2015, Arras, Artois Presses Université, p. 135-141.

BERGUGNAT L., DUGAS E. et MALET R. (dir.), « Le bien-être à l'école : un processus de production du bien-être ? », *Recherche et Éducations* juin-oct. 2019, t. 1 et 2, n° 17.

BERNARDO A. B. I., *L'alphabétisation et la pensée*, 1999, Paris, L'Harmattan.

BISSONNETTE S., RICHARD M. et GAUTHIER C., « Interventions pédagogiques efficaces et réussite scolaire des élèves provenant de milieux défavorisés », *Revue française de pédagogie* 2005, n° 150, p. 87-141.

BLICHMANN A., *Schulreform und Reformschule in Frankreich. Die « École élémentaire Vitruve » im Horizont der Geschichte*, 2008, Jena.

BONNÉRY S., « Entre enseignement et sélection : l'exemple d'Amidou », *Bulletin du Centre Alain Savary. XYZep* 2008, n° 33, p. 4-5.

BONNIOL J.-J., « Influence de l'explicitation des critères utilisés sur le fonctionnement des mécanismes d'évaluation d'une production scolaire », *Bulletin de psychologie* 1981, t. XXXV, n° 353, p. 173-186.

BOTTINEAU D., « Que nous arrive-t-il quand nous parlons ? Parole, enaction, malentendu », *in* BOURGAIN A. et FABRE G. (dir.), *Le malentendu. Une question de linguistique et de psychanalyse*, 2017, Limoges, Lambert Lucas, p. 11-30.

BOUCHARD P. (dir.), *Innovation École. De la maternelle au lycée*, 2001, Paris, Éditions Autrement.

BOURDIEU P., « L'école conservatrice. Les inégalités devant l'école et devant la culture », *Revue française de sociologie* 1966, n° 7-3, « Les changements en France », p. 325-347.

BOURDIEU P. et PASSERON J.-C., *La reproduction. Éléments pour une théorie du système d'enseignement*, 1970, Paris, Minuit ; *Les héritiers. Les étudiants et la culture*, 1964, Paris, Minuit.

BOURGAIN A. et FABRE G. (dir.), *Le malentendu. Une question de linguistique et de psychanalyse*, 2017, Limoges, Lambert Lucas.

BRITO O., « L'influence de la pédagogie nouvelle à l'école primaire sur l'expression des habiletés sociales, relationnelles et scolaires au secondaire : une étude comparative », *in* HUGON M.-A. et VIAUD M.-L. (dir.), *Les établissements scolaires « différents » et la recherche en éducation. Problèmes méthodologiques et épistémologiques*, 2015, Arras, Artois Presses Université, p. 169-179.

BROSSARD M., *L'adaptation de l'enfant à l'école*, 1994, Paris, Collection Scientifique Stablon ; « Quelques réflexions sur activités métalinguistiques et situations scolaires », *Repères* 1994, n° 9, « Activités métalinguistiques à l'école », p. 29-36.

BROUSSEAU G., *Glossaire de quelques concepts de la théorie des situations didactiques en mathématiques*, 2003 [en ligne] (*http://perso.orange.fr/daest/guy-brousseau/textes/Glossaire_Brousseau.pdf*) ; « Le contrat didactique : le milieu »,

Recherches en didactique des mathématiques 1998, vol. 9, n° 3, p. 309-336 ; « Fondements et méthodes de la didactique des mathématiques », *Recherches en didactique des mathématiques* 1986, vol. 7, n° 2, p. 33-115.

BRUNER J., *Savoir faire. Savoir dire*, 1987, Paris, PUF.

Cahiers pédagogiques, sept.-oct. 2018, n° 547, « Des alternatives à l'école ? ».

CARRA C., « Participation citoyenne et construction de normes : quels effets sur les violences scolaires ? », *Spirale* 2004, n° 34, « Citoyenneté et rapport à la loi », p. 41-53.

CARRA C. et PAGONI M., « Construction des normes et violences scolaires », *in* REUTER Y. (dir.), *Une école Freinet. Fonctionnements et effets d'une pédagogie alternative en milieu populaire*, 2007, Paris, L'Harmattan, p. 31-62.

CASANOVA R. et CARRA C. (dir.), « Pédagogies alternatives. Quelles définitions, quels enjeux, quelles réalités ? », *Spirale* 2010, n° 45.

CHERVEL A., « L'histoire des disciplines scolaires. Réflexions sur un domaine de recherche », *Histoire de l'éducation* 1988, n° 38, « Pour une histoire des disciplines scolaires », p. 59-119.

CHEVALLARD Y., « La didactique, dites-vous ? », *Éducation et didactique* 2010, vol. 4, n° 1, p. 139-146 ; *La transposition didactique*, 1991 (1985), Grenoble, La Pensée Sauvage.

COHEN-AZRIA C., LAHANIER-REUTER D. et REUTER Y. (dir.), *Conscience disciplinaire. Les représentations de disciplines à la fin de l'école primaire*, 2013, Rennes, PU Rennes.

COHN-BENDIT G., *Pour une autre école. Repenser l'éducation, vite !*, 2013, Paris, Éditions Autrement, p. 88-100.

COLCANAP P. et MASQUELIER V., « Être Vitruvien », *Cahiers pédagogiques* 2018, n° 547, « Des alternatives à l'école ? », p. 24-25.

COLLECTIF, *Paul Eluard, un collège aux Minguettes*, 1987, Paris, Syros.

COLLECTIF DIDACTIQUE POUR ENSEIGNER, *Didactique pour enseigner*, 2019, Rennes, PU Rennes.

COMITÉ DE LIAISON POUR L'ÉDUCATION NOUVELLE, *L'école nouvelle témoigne*, 1970, Paris, Colin, Bourrelier.

CONNAC S., *Les pédagogies Freinet. Origines, valeurs et outils*, 2019, Paris, Eyrolles ; *La coopération entre élèves*, 2017, Futuroscope, Éditions Canopé ; *Enseigner sans exclure. La pédagogie du colibri*, 2017, Paris, ESF.

CORRIVEAU L., LETOR C., PÉRISSET BAGNOUD D. et SAVOIE-ZAJC L. (dir.), *Travailler ensemble dans les établissements scolaires et de formation*, 2010, Bruxelles, De Boeck.

CROS F., « De l'initiative à l'expérimentation : la longue vie du soutien à l'innovation », *Les Sciences de l'éducation. Pour l'Ère nouvelle* 2013/3, vol. 46, p. 63-88 ; *L'innovation à l'école : forces et illusions*, 1993, Paris, PUF.

CROS F. et ADAMSZEWSKI G., *L'innovation en éducation et formation*, 1996, Bruxelles, De Boeck.

CULIOLI A., *Pour une linguistique de l'énonciation 1*, 1990, Paris, Ophrys.

DEBARBIEUX E. (dir.), *L'impasse de la punition à l'école. Des solutions alternatives en classe*, 2018, Paris, Armand Colin.

DEBARBIEUX E., ANTON N., ASTOR R., BENBENISHTY R., BISSON-VAIVRE C., COHEN J., GIORDAN A., HUGONNIER B., NEULAT N., ORTEGA RUIZ R., SALTET J., VELTCHEFF C. et VRAND R., *Le « Climat scolaire » : définition, effets et conditions d'amélioration*, rapport au Comité scientifique de la direction de l'enseignement scolaire, 2012, Ministère de l'Éducation nationale. MEN-DGESCO/ Observatoire international de la violence à l'école.

DE COCK L. et PEREIRA I. (dir.), *Les pédagogies critiques*, 2019, Marseille, Éditions Agone.

DELACHANAL PERRIOLAT A., *Un temps pour apprendre. Quand la parole ouvre l'accès aux savoirs*, 2015, Paris, ESF.

DELBET G., *Vitruve : rassemblée générale*, 2019, Saint-Étienne-de-Fougères, Les Éditions du bord du Lot.

DOISE W. et MUGNY G., *Le développement social de l'intelligence*, 1981, Paris, Interéditions.

INSTITUT FRANÇAIS DE L'ÉDUCATION (IFE), dossier « Enseigner plus explicitement », 2015 (*http://centre-alain-savary.ens-lyon.f/CAS*).

ÉCOLE VITRUVE, *Martin Parr*, 2005, Rouen, Éditions Points de vue ; *Oui au bonheur. Textes d'enfants de l'école Vitruve*, commentés par Boris Cyrulnik, 2002, Jouac-Bruxelles, Éditions PEMF ; *En sortant de l'école*, 1978, Tournai, Casterman.

ÉQUIPE VITRUVE, « Vitruve, quarante ans d'expérience », *in* BOUCHARD P. (dir.), *Innovation École ! De la maternelle au lycée*, 2001, Paris, Éditions Autrement, p. 319-330 ; « Autogestion, cogestion, digestion », *in* BOUMARD P. et LAMIHI A. (dir.), *Les pédagogies autogestionnaires*, 1995, Paris, Éditions Ivan Davy, p. 171-189.

FABRE M. (dir.), « La problématisation, approches épistémologiques », *Les Sciences de l'éducation. Pour l'Ère nouvelle* 2005, vol. 38, n° 3.

FABRE M. et MUSQUER A., « Comment aider l'élève à problématiser ? Les inducteurs de problématisation », *Les Sciences de l'éducation. Pour l'Ère nouvelle* 2009, vol. 42, p. 111-129.

FAURE S. et THIN D. (dir.), *S'en sortir malgré tout. Parcours en classes populaires*, 2019, Paris, La Dispute.

FEYFANT A., « Enseignement primaire : les élèves à risque (de décrochage) », *Veille et analyses* déc. 2012, n° 80, p. 1-18.

FIALIP-BARATTE M., « L'entrée dans l'écrit et la naissance du rapport à l'écrit », *in* REUTER Y. (dir.), *Une école Freinet. Fonctionnements et effets d'une pédagogie alternative en milieu populaire*, 2007, Paris, L'Harmattan, p. 115-128.

GAUTHIER C., BISSONNETTE S. et RICHARD M., « L'enseignement explicite », *in* DUPRIEZ V. et CHAPELLE G. (dir.), *Enseigner*, 2007, Paris, PUF.

GIGUÈRE J., « L'univers de l'écrit à l'école primaire : comparaison de trois modes de travail pédagogique (pédagogie Freinet, pédagogie par projet, pédagogie "classique") », *in* REUTER Y. (dir.), *Démarches pédagogiques et lutte contre l'échec scolaire (2002-2005)*, rapport de recherche de l'ERTe 1021, t. 1, 2005, p. 177-211.

GIGUÈRE J. et REUTER Y., « Présentation d'une grille d'analyse de l'univers de l'écrit à l'école primaire », *Les Cahiers Théodile* 2004, n° 4, p. 103-121.

GILBERT A.-F., « Le travail collectif enseignant, entre informel et institué », *Dossier de veille de l'IFE* avr. 2018, n° 124.

GLOTON R., *Au pays des enfants masqués*, 1979, Tournai, Casterman.

GLOTON R. (dir.), *À la recherche de l'école de demain. Le groupe expérimental de pédagogie active du XXe arrondissement de Paris*, 1970, Paris, Armand Colin.

GOIGOUX R. et BAUTIER E., « Difficultés d'apprentissage, processus de secondarisation et pratiques enseignantes : une hypothèse relationnelle », *Revue française de pédagogie* 2004, n° 148, « Évaluer et comprendre les effets des pratiques pédagogiques », p. 89-100.

GOODY J., *La raison graphique. La domestication de la pensée sauvage*, 1979, Paris, Minuit.

GROUPE POUR L'ÉTUDE, LA DÉFENSE ET LA RÉNOVATION DE L'ÉCOLE MATERNELLE (GEDREM), *Échec et maternelle*, 1980, Paris, Syros.

GROUPE FRANÇAIS D'ÉDUCATION NOUVELLE (GFEN), *Agir ensemble à l'école*, 1982, Tournai, Casterman ; *Parler, écrire « pour de bon » à l'école*, 1979, Tournai, Casterman.

GROUPE EVA, *De l'évaluation à la réécriture*, 1996, Paris, Hachette ; *Évaluer les écrits à l'école primaire*, 1991, Paris, Hachette.

GUTTIEREZ L., BESSE L. et PROST A., *Réformer l'école. L'apport de l'Éducation nouvelle (1930-1970)*, 2012, Grenoble, PU Grenoble.

HALTÉ J.-F., *La didactique du français*, 1992, Paris, PUF ; « Les conditions de production de l'écrit scolaire », *in* CHISS J.-L., LAURENT J.-P., MEYER J.-C., ROMIAN H. et SCHNEUWLY B. (dir.), *Apprendre/Enseigner à produire des textes écrits*, 1987, Bruxelles, De Boeck-Wesmael, p. 35-44 ; *L'enseignement du français, dans un travail en projet*, thèse de doctorat, 1986, université de Besançon ; « L'annotation des copies, variété ou base du dialogue pédagogique », *Pratiques* déc. 1984, n° 44, « L'évaluation », p. 61-69 ; « Apprendre autrement à l'école », *Pratiques* 1982, n° 36, « Travailler en projet » ; « Pour changer l'écrire », *Pratiques* mars 1981, n° 29, « La rédaction ? », p. 23-46.

HATTIE J., *Visible Learning for Teachers. L'apprentissage visible pour les enseignants. Connaître son impact pour maximiser le rendement des élèves*, 2009, PU Québec, trad. fr. 2017.

HOUDÉ O., *L'école du cerveau. De Montessori, Freinet et Piaget aux sciences cognitives*, 2019, Bruxelles, Mardaga.

HUGON M.-A. et ROBBES B. (dir.), *Des innovations pédagogiques et éducatives en réponse à la crise de l'école*, 2015, Arras, Artois Presses Université.

HUGON M.-A. et VIAUD M.-L., *Revue française d'éducation comparée* 2017, n° 15, « Les écoles et pédagogies “différentes” : approches internationales » ; *Les établissements scolaires « différents » et la recherche en éducation. Problèmes méthodologiques et épistémologiques*, 2016, Arras, Artois Presses Université ; « Introduction générale », in *Les établissements scolaires « différents » et la recherche en éducation. Problèmes méthodologiques et épistémologiques*, 2016, Arras, Artois Presses Université, p. 7-17.

JACQUET-FRANCILLON F., « Principes et pratiques de l'Éducation nouvelle : des objets de recherche », *Revue française de pédagogie* 2005, n° 153, « Décrire, analyser, évaluer les pédagogies nouvelles », p. 5-12.

JORRO A., *L'enseignant et l'évaluation. Des gestes évaluatifs en question*, 2000, Bruxelles, De Boeck.

JOHSUA S., « L'enseignant comme directeur d'étude », *Revue internationale d'éducation de Sèvres* 2000, n° 25, p. 75-82.

JOVENET A.-M., *Enfant en souffrance... élève difficile. Dialogue entre psychanalyse et pédagogie Freinet*, 2014, Villeneuve-d'Ascq, PU du Septentrion ; « Pédagogie et prise en charge des enfants en souffrance », *in* REUTER Y. (dir.), *Une école Freinet. Fonctionnements et effets d'une pédagogie alternative en milieu populaire*, 2007, Paris, L'Harmattan, p. 63-88 ; « Une “didactique appropriée aux difficultés des élèves” est-elle tributaire des modes d'appréhension de ces difficultés ? », *La Nouvelle Revue de l'AIS* 2006, n° 33, « Adaptation et intégration scolaire », p. 115-128.

KERBRAT-ORECCHIONI C., *L'implicite*, 1986, Paris, Armand Colin.

LABORATOIRE DE RECHERCHE COOPÉRATIVE DE L'ICEM-PÉDAGOGIE FREINET, *Dictionnaire de la pédagogie Freinet*, 2018, Paris, ESF.

LAHANIER-REUTER D., « Contrat didactique » (p. 55-60), « Dévolution » (p. 61-64) et « Institutionnalisation » (p. 119-122), *in* REUTER Y. (dir.), *Dictionnaire des concepts fondamentaux des didactiques*, 3e éd., 2013 (2007), Bruxelles, De Boeck ; « Enseignement et apprentissages mathématiques dans une école "Freinet" », *Revue française de pédagogie* oct.-nov.-déc. 2005, n° 153, « Décrire, analyser, évaluer les pédagogies nouvelles », p. 55-65.

LAHANIER-REUTER D. (dir.), *Effets de formations des enseignants au primaire au Togo*, rapport remis à l'UNICEF et à l'AFD, 2018, *https://sites.google.com/site/dominiquelahanierreuter/rapports-unicef-afd-effets-de-formation-a-la-pedagogie-active-au-togo*

LE GAL J., *Les droits de l'enfant à l'école, pour une éducation à la citoyenneté*, 2002, Bruxelles, De Boeck et Belin.

LE GRAIN, *Le défi pédagogique. Construire une pédagogie populaire*, 1982, Bruxelles, Vie ouvrière.

LELIÈVRE-PORTALIER D., PRIVAT J.-M. et VINSON M.-C., « Théories et pratiques des médiations culturelles au collège », *in* PRIVAT J.-M. et REUTER Y. (dir.), *Lectures et médiations culturelles*, 1991, Villeurbanne, Maison du livre, de l'image et du son, diffusion PU Lyon, p. 153-177.

LELIÈVRE-PORTALIER D. et VINSON M.-C., « La bouquinerie au collège : un nouveau marché de lecture », *Pratiques* 1993, n° 80, « Pratiques de lecteurs », p. 35-55.

LESNE M., *Travail pédagogique et formation d'adultes*, 1994 (1977), Paris, L'Harmattan.

MARCHIVE A., « L'interaction de tutelle entre pairs, approche psychologique et usage didactique », *Psychologie et éducation* 1997, n° 30, p. 29-43 ; « L'entraide pédagogique entre élèves, les paradoxes de la Pédagogie Freinet », *in* CLANCHÉ P., DEBARBIEUX E. et TESTANIÈRE J., *La pédagogie Freinet. Mises à jour et perspectives*, 1994, Bordeaux, PU Bordeaux, p. 343-351.

MARTINAND J.-L., « Quelques remarques sur les didactiques des disciplines », *Les Sciences de l'éducation. Pour l'Ère nouvelle* 1987, n° 1-2, « Didactiques et sciences de l'éducation », p. 23-29.

MEIRIEU P., *La riposte*, 2018, Paris, Éditions Autrement ; *Itinéraire des pédagogies de groupe. Apprendre en groupe*, 1996, Lyon, Chronique sociale ; *Apprendre en groupe ?*, 1992, Lyon, Chronique sociale ; *Le choix d'éduquer : éthique et pédagogie*, 1991, Paris, ESF ; *Apprendre... oui, mais comment ?*, 1987, Paris, ESF.

MERLE P., *Les pratiques d'évaluation scolaire. Historique,difficultés, perspectives*, 2018, Paris, PUF.

MURAT F. et SIMONIS-SUEUR C. (dir.), « Climat scolaire et bien-être à l'école », *Éducation et formations* déc. 2015, nos 88-89.

NETTER J., *L'école fragmentée*, 2019, Paris, PUF.

NIELSEN J., *La discipline positive*, 2014, Marabout, adaptation Sabaté B.

NORDMANN J.-F., « À école alternative, stratégie d'évaluation alternative », *in* HUGON M.-A. et VIAUD M.-L. (dir.), *Les établissements scolaires « différents » et la recherche en éducation. Problèmes méthodologiques et épistémologiques*, 2015, Arras, Artois Presses Université, p. 113-124.

ORANGE C., « Quel milieu pour l'apprentissage par problématisation en sciences de la vie et de la terre ? », *Éducation et didactique* 2007, vol. 1, n° 2, p. 37-56 ; « Problématisation, savoirs et apprentissages en sciences », *in* FABRE M. et VELLAS É., (dir.), *Situation de formation et problématisation*, 2006, Bruxelles, De Boeck, p. 75-90.

PASTRÉ P., *La didactique professionnelle, approche anthropologique du développement*, 2011, Paris, PUF ; « La didactique professionnelle : origines, fondements, perspectives », *Travail et apprentissages* 2008, n° 1, p. 9-21.

PAWLOTSKY I., « Le choix du récit de vie comme outil d'évaluation : le devenir des anciens élèves d'une école nouvelle », *in* HUGON M.-A. et VIAUD M.-L. (dir), *Les établissements scolaires « différents » et la recherche en éducation. Problèmes méthodologiques et épistémologiques*, 2015, Arras, Artois Presses Université, p. 127-133.

PENLOUP M.-C., *L'écriture extra-scolaire des collégiens. Des constats aux perspectives didactiques*, 1999, Paris, ESF.

PERRENOUD P., « Rendre l'élève actif… c'est vite dit », *Migrants-Formation* 1996, n° 106, p. 166-181.

PERRET-CLERMONT A.-N., *La construction de l'intelligence dans l'interaction sociale*, 1979, Genève, Peter Lang.

PETITJEAN A., *Pratiques d'écriture. Raconter et décrire*, 1982, Paris, CEDIC.

PEYRONIE H., « Quelles traces de leur scolarité chez d'anciens élèves de classes Freinet ? », *in* PEYRONIE H. (dir.), *Freinet 70 ans après. Une pédagogie du travail et de la dédicace ?*, 1998, Caen, PU Caen, p. 107-137.

Pratiques 1982, n° 36, « Travailler en projet ».

PRIVAT J.-M. et REUTER Y. (dir.), *Lectures et médiations culturelles*, actes du colloque de Villeurbanne, mars 1990, 1991, Villeurbanne, Maison du livre de l'image et du son, diffusion PU Lyon.

PRIVAT J.-M. et VINSON M.-C., « Les intermédiaires de lecture », *Pratiques* 1989, n° 63, « L'innovation pédagogique », p. 63-101 ; « Habitat vertical et habitus lectural », *Pratiques* 1986, n° 52, « Pratiques de lecture », p. 83-111.

PROUX J., *L'apprentissage par projet*, 2004, Sainte-Foy, PU Québec.

Reuter Y., « Analyser un paradoxe : les discours du militantisme pédagogique comme freins au développement des pédagogies alternatives », *in* Darbellay F., Moody Z. et Louviot M. (dir.), *L'école autrement ? Les pédagogies alternatives en débat. Regards interdisciplinaires*, Éditions Alphil-PU suisses, à paraître ; « Les innovations en France : modes d'engagement, contenus et obstacles », *in* Montandon F., Schelle C., Straub C., Mbaye M. et Hübler C. (dir.), *Innovation et transformation au sein des enseignements et de la formation. Sénégal, Togo, Burkina Faso, France et Allemagne*, 2020, Saint-Denis, Éditions Connaissances et savoirs, p. 15-34 ; « Faire ou ne pas faire ? Telle n'est pas la question pédagogique », *Traces* mars-avr. 2020, n° 245, « Pédagogies actives », p. 6-8 ; « Approcher des pratiques pédagogiques "différentes" : quelques questions de méthode », Communication à la journée de recherche *Actualité des pratiques pédagogiques et écoles différentes : bricolages, hybridations, appropriations...*, 21 oct. 2019, Université de Cergy-Pontoise ; « Des implicites sur l'enseignement explicite », *Cahiers pédagogiques* 2019, n° 551, « Expliciter en classe », p. 32-34 ; *L'école Vitruve : un laboratoire de l'expérimentation pédagogique*, rapport de recherche, 2019, mis en ligne sur *L'Expresso* du *Café pédagogique* du 18 févr. 2019 : *www.cafepedagogique.net/lexpresso/Pages/2019/12/18122019 Article637122509561121670.aspx* ; « Transformer l'école à partir des pédagogies et des pratiques alternatives ? », Journée scientifique *Innovations : l'approche des pédagogies et structures alternatives*, 2018, organisée par le CIRNEF, les CEMEA, la FESPI et l'ESPE de Caen, vendredi 18 mai, ESPE de Caen (*www.cemea.asso.fr/IMG/pdf/colloque-caen.pdf*) ; « Recourir à des pédagogies alternatives ? Intérêts et points de vigilance », *in* De Blauwe C. et Merland A. (dir.), *Regards croisés sur les pratiques en pédagogie actives. Actes du 1er colloque international organisé par la COCOF*, 2018, Bruxelles, Bernadette Lambrechts éditeur, p. 55-58 ; « Enquête sur la pédagogie Freinet : le travail collaboratif des enseignants », colloque international *La pédagogie Freinet... actualité d'une histoire en devenir*, 11-12 nov. 2016, CIEP de Sèvres ; « Penser les conditions d'un dialogue entre didactiques et didactiques professionnelles », *in* Van Beveren J. (dir.), *Littérature, langue et didactique. Hommages à Jean-Louis Dumortier*, 2014, Namur, Université de Namur-CEDOCEF, p. 189-204 ; *Panser l'erreur. De l'erreur au dysfonctionnement*, 2013, Villeneuve-d'Ascq, PU du Septentrion ; « Lutter contre l'échec scolaire en réseau d'éducation prioritaire », *in* Zay D. (dir.), *Éducation inclusive. Une réponse à l'échec scolaire ?*, 2012, Paris, L'Harmattan, p. 201-217 ; « Les récits de fiction en dernière année du primaire. Éléments d'analyse et de comparaison selon les pédagogies », *in* Dufays J.-L. et Plane S. (dir.), *L'écriture de fiction en classe de français*, 2009, Namur, PU Namur, p. 69-85 ; « Enseignement et apprentissages de l'écrit », *in* Reuter Y. (dir.), *Une école Freinet. Fonctionnements et effets d'une pédagogie alternative en milieu populaire*, 2007, Paris, L'Harmattan, p. 129-157 ; « La conscience disciplinaire, présentation d'un concept », *Éducation et didactique* sept. 2007, vol. 1, n° 2, p. 54-70 ; « Les récits sollicitant le vécu au CM2. Éléments d'analyse et de comparaison », *Repères* 2006, n° 34, « Écriture de soi et enseignement du récit », p. 111-139 ; « Didactique du français : éléments de réflexion et de proposition », *in* CHISS J.-L., DAVID J. et REUTER Y. (dir.), *Didactique du français. Fondements d'une discipline*, 2005, Bruxelles, De Boeck, p. 211-231 ; *Pédagogie du projet et didactique du français. Penser et débattre avec Francis Ruellan*, 2005, Villeneuve-d'Ascq, PU du Septentrion ; « La pédagogie du projet comme analyseur de la didactique du français », *in* REUTER Y. (dir.), *Pédagogie du projet et didactique du français. Penser et débattre avec Francis Ruellan*, 2005, Villeneuve-d'Ascq, PU du Septentrion, p. 187-203 ; « Les pratiques extrascolaires de lecture et d'écriture : problèmes et enjeux », *Repères* 2001, n° 23, « Les pratiques extrascolaires de lecture et d'écriture des élèves », p. 9-31 ; *Enseigner et apprendre à écrire. Construire une didactique de l'écriture*, 1996, Paris, ESF ; « Littérature et médiations culturelles », *in* PRIVAT J.-M. et REUTER Y. (dir.), *Lectures et médiations culturelles*, actes du colloque de Villeurbanne, mars 1990, 1991, Villeurbanne, Maison du livre, de l'image et du son, diffusion PU Lyon, p. 59-73 ; « Lire : une pratique socioculturelle », *Pratiques* 1986, n° 52, *Pratiques de lecture*, p. 64-82 ; « Les transformations de l'évaluation dans un travail interdisciplinaire », *Pratiques* 1984, n° 44, « L'évaluation », p. 90-100.

REUTER Y. (dir.), *Vivre les disciplines scolaires. Vécu disciplinaire et décrochage à l'école*, 2016, Paris, ESF ; *Dictionnaire des concepts fondamentaux des didactiques*, 3e éd., 2013 (2007), Bruxelles, De Boeck ; *Les expérimentations liées à l'article 34 de la loi d'orientation et de programme pour l'école de 2005*, rapport remis au Haut Conseil de l'éducation le 27 juin 2011 ; *Une école Freinet. Fonctionnements et effets d'une pédagogie alternative en milieu populaire*, 2007, Paris, L'Harmattan ; *Effets d'un mode de travail pédagogique « Freinet » en REP*, rapport de recherche (2004-2006), remis à l'IUFM du Nord-Pas-de-Calais, 2006, Université de Lille 3 ; *Démarches pédagogiques et lutte contre l'échec scolaire*, rapport de recherche de l'ERTe 1021, 2002-2005, remis à la direction de la recherche du ministère de l'Éducation nationale, 2005, Université de Lille 3 ; *Pédagogie du projet et didactique du français. Penser et débattre avec Francis Ruellan*, 2005, Villeneuve-d'Ascq, PU du Septentrion.

REUTER Y. et CARRA C., « Analyser un mode de travail pédagogique "alternatif" : l'exemple d'un groupe scolaire travaillant en pédagogie "Freinet" », *Revue française de pédagogie*, oct.-nov.-déc. 2005, n° 153, « Décrire, analyser, évaluer les pédagogies nouvelles », p. 39-53.

REUTER Y. et DELCAMBRE I., « L'objet enseigné comme objet à construire. Une discussion critique », *in* SCHNEUWLY B. et THEVENAZ-CHRISTEN T. (dir.), *Analyse des objets enseignés. Le cas du français*, 2006, Bruxelles, De Boeck, p. 233-246.

REUTER Y. et LAHANIER-REUTER D., « L'analyse de la discipline : quelques problèmes pour la recherche en didactique », *in* FALARDEAU E., FISHER C.,

SIMARD C. et SORIN N. (dir.), *La didactique du français. Les voies actuelles de la recherche*, 2007 (2004), Québec, PU Laval, p. 27-42.

REVERDY C., « La coopération entre élèves : des recherches aux pratiques », *Dossier de veille de l'IFE* 2016, n° 114.

RIONDET X., HOFSTETTER R. et GO H.-L. (dir.), *Les acteurs de l'Éducation nouvelle au xxe siècle. Itinéraires et connexions*, 2018, Fontaine, PU Grenoble.

ROSENBERG M. B., *Enseigner avec bienveillance. Instaurer une entente mutuelle entre élèves et enseignants*, 2017, Archamps, Éditions Jouvence ; *Les mots sont des fenêtres (ou bien ce sont des murs)*, 2016, Paris, La Découverte.

RUELLAN F., « Évolution du rapport au texte et à l'écriture dans une démarche de travail en projet », *Pratiques* 2002, n°s 113-114, « Images du scripteur et rapport à l'écriture », p. 154-190 ; « Indices d'hétérogénéité dans une démarche d'écriture en projet », *Recherches* 2001, n° 35, « Hétérogénéité », p. 99-135 ; *Un mode de travail didactique pour l'enseignement-apprentissage de l'écriture au cycle 3 de l'école primaire*, 2000, thèse de doctorat en sciences de l'éducation, Villeneuve-d'Ascq, Université de Lille 3. Thèse reproduite par l'Atelier national de reproduction des thèses, « Un mode de travail didactique pour l'enseignement de "compétences" en production d'écrits », *Spirale* 1998, n° 23, « Apprendre l'écrit », p. 53-73.

SAUTER M., « Narrations de recherche : une nouvelle pratique pédagogique », *Repères-IREM* 1998, n° 30, p. 9-21.

SERRERO F., *Jean-Marc Houzet, instituteur à l'école Vitruve. Entretiens et analyse de pratiques*, 2009, Paris, L'Harmattan.

SHANKLAND R., *Pédagogies nouvelles et compétences psychosociales de l'apprentissage à l'école à l'entrée dans l'enseignement supérieur*, 2009, Paris, L'Harmattan.

TRICOT A., *L'innovation pédagogique*, 2017, Paris, Retz.

VIAUD M.-L., *Des collèges et lycées différents*, 2005, Paris, PUF.

VINCENT G., « La forme scolaire : débats et mises au point (première partie) », entretien avec COURTEBRAS B. et REUTER Y., *Recherches en didactiques* 2012, n° 13, « Les contenus disciplinaires », p. 109-135 ; *L'école primaire française*, 1980, Lyon, PU Lyon.

VINCENT G. (dir.), *L'éducation prisonnière de la forme scolaire ? Scolarisation et socialisation dans les sociétés industrielles*, 1994, Lyon, PU Lyon.

VYGOTSKI L. S., *Pensée et langage*, 1985 (1934), Paris, Éditions sociales.

WATZLAWICZ P., *Comment réussir à échouer*, 1998, Paris, Seuil ; *Une logique de la communication*, 1972, Paris, Seuil.

Index

Les chiffres renvoient aux numéros de paragraphe.

E

F

G

I

L

M

P

R

S

T

U

V

Table des matières

Les éditions Berger-Levrault s'engagent pour l'environnement

La couverture et l'intérieur de nos ouvrages sont imprimés sur des papiers certifiés par le Programme de reconnaissance des certifications forestières (PEFC) qui promeut une gestion durable des forêts.

Afin de contribuer à la réduction de la consommation de plastique, nous avons également renoncé aux méthodes d'emballage sous film plastique pour le conditionnement de nos ouvrages.

Plus respectueux de l'environnement, ces ouvrages sont en revanche plus fragiles : nous remercions l'ensemble des intervenants de la chaîne du livre pour le soin apporté lors des opérations de manutention et d'acheminement de nos ouvrages jusqu'à leurs lecteurs.

Pour nous contacter ou mieux nous connaître :

PEFC™
10-31-1316

Achevé d'imprimer en France par Dupli-Print à Domont (95)
en janvier 2021
N° d'impression : 2021012607